蛇神をめぐる伝承

古代人の心を読む

佐佐木隆
SASAKI TAKASHI

青土社

まえがき

古代人が恐れたものはさまざまある。なかでも人々が最も恐れたのは、言うまでもなく「神」という存在である。

しかし、「神」という存在にも、天界にいると考えられた高貴な神々もあれば、地上を直接に支配すると考えられた神々もある。また、死んだ人間が祭られるようになった「神」もあるし、人間を害するほどの猛威をもつ恐ろしく不気味な動物も、「神」と呼ばれた。本書で、古代の文献に残された伝承を読みながら、当時の人々の考えかたについて見ていこうとするのは、最後にあげた「神」のうちの蛇神のことである。

古代人が「神」と呼んだ、蛇以外の動物には、例えば虎や狼《おおかみ》がある。『万葉集』の歌には、虎を詠み込んだ「韓国《からくに》の虎といふ神を……」（十六・三八八五）という表現が見える。「韓国の……」とあるように虎はもともと日本には生息しない動物だから、これは歌の作者が伝聞したことに基づく表現である。また、『万葉集』の歌には、狼の出てくる「大口《おほくち》の真神《まかみ》の原に……」（八・一六三六）という表現の例もある。「真神《まかみ》」は狼の異称であり、狼は口が特に大きいところから、「大口の」を「真神（の原）」という地名の枕詞として用いたのである。後世の「狼《おおかみ》」は、その系統を引く呼び名である。周知のように、狼はかつて日本に生息していたが、明治時代に絶滅したとされる。

「神」と呼ばれた動物のうち、虎や狼には右にあげたような表現の例はあるが、長い内容を伴う伝承は、奈良時代の『古事記』『日本書紀』『風土記』などの文献にほとんど見えない。これに対し、蛇に関しては長短さまざまな伝承が残されている。そのなかで最も長大なのは、昔話としても知られている「八俣《やまた》の大蛇《をろち》」の神話であり、それは『古事記』『日本書紀』の両書に載っている。また、数行ぐらいの短小な蛇伝承ならば、それらの文献のなかに少なからぬ数の例が見える。本書では、蛇神をめぐる伝承を可能なかぎり多く取り上げてその内容をよく読み、蛇神あるいは蛇に対する古代人の考えかたを詳しく見ていくことにしたい。蛇神をめぐる伝承には、古代人に特有の考えかたがさまざまなかたちで反映しており、蛇ほどに古代人の考えかたを反映する動物の伝承はほかにはないからである。

本書で中心的に見ていくのは、右にあげた『古事記』『日本書紀』『風土記』などの奈良時代の文献に出ている記事である。ほかに、平安時代の『今昔物語集』（十二世紀の前半に成立）という説話集に収められている記事を、補助的にいくつか引用する。本書の書名を『蛇神をめぐる伝承――古代人の心を読む』とし、その副題に「古代人」という語を用いたのは、奈良時代だけでなく平安時代の文献の記事をも読んで、人々の蛇に対する考えかたや、それが時代的に変遷するさまを確認する、という執筆の方針による。

『古事記』をはじめとする右の三文献は、八世紀の中頃というその成立年代を反映して、すべてが漢字で記されている。しかし、本書は専門の研究者を対象とする学術研究書ではないから、論述の過程で漢字だけの本文をあげるわけにはいかない。そこで、本書のなかで個々の記事に検討を加えていく際に、どうしてもその表現を問題にしたい場合は、漢字の本文を書き下した訓読文を対象にすることにする。本書の論述で、引用した記事の現代語訳をあげたあとに、訓読文を小字で（　）に入れて付すのは、そのようなやむをえない事情による。『今昔物語集』の本文はもともと漢字片仮名交じり文だが、読みやすいように片仮名を平仮名に置き換えて引用する。

本書に引用するのは、日本古典文学大系・日本古典文学全集・新日本古典文学大系・新編日本古典文学全集などの叢書にあげられた、信頼すべき本文・訓読文である。ただし、読みやすく理解しやすいように、表記の形式を部分的に改めたうえで引用することが少なくない。また、どの記事の現代語訳も、基本的には叢書に見える本文・訓読文に基づいて本書の著者が訳したものをあげるが、先行書のそれを参照したうえで訳す箇所も少なからずある。

中心的に取り上げるのが古い伝承なので、現代人にそれを理解してもらうにはコメントが必要だ、という場合が多々ある。そうした場合には、奇数ページの左端の注にそれを補うことにする。

蛇神をめぐる伝承——古代人の心を読む　目次

蛇神をめぐる伝承——古代人の心を読む

序章　毒気を吐いて人間を殺す蛇神

蛇を怖《こわ》がる男の話

蛇をひどく怖がり、周囲の者をあきれさせた男の話が、平安時代の『今昔物語集』に載っている。「山城介三善春家《やましろのすけみよしのはるいへ》、蛇《へみ》に恐《お》づる語《こと》」と題された話である。少し長い話なので、次には内容を要約したものをあげる。

A　山城国《やましろのくに》の介《すけ》（次官）である三善春家《みよしのはるいえ》は、蛇を異常に怖がった。蛇を見れば、気が狂ったようにふるまった。ある夏の日、山の木陰《こかげ》の家に数人でいて暑さをしのいでいたが、春家の袖の近くへ三尺ほどもある蛇が這《は》って出て来た。これを見た春家は、顔色を変えて大きな叫び声を上げ、すぐ立ち上がろうとした。しかし、立ち上がれず二度まで倒れてしまった。ようやく立ち上がった春家は、靴を履かずに裸足《はだし》で走り出し、八、九町も走り続けて自分の家に逃げ込んだ。そして、妻子に事情を聞かれても物を言わず、衣服を着たまま伏してしまった。そこで、家族は春家の体を転がして衣服を脱がせた。湯を飲ませようとしても、春家は歯を食いしばるばかりで飲もうとしなかった。その体に触れてみると、火のように発熱していた。

〔巻二十八・三十二話〕

官人として然るべき地位にあった三善春家だが、蛇の姿を見ただけで狼狽《ろうばい》して叫び声を上げ、腰を抜かしてすぐには立ち上がれなかった。そして、やっとのことで立ち上がると、かなり遠い所にある自分の家まで裸足で走って帰り、そのまま倒れ込んでしまって物も言えなかった、という。おびえた春家の様子を見た妻子も、どのように対処すべきか、大いに困惑したことだろう。この話のあとで、妻子は春家の従者から状況を聞き出し、「前にもそのようなことがあったが、その時と同じようにひどく蛇を怖がったのだろう」と言って笑った。同時に、春家の従者どもも笑った、という。

春家は、一箇月ほど経ってから出勤したが、まだ落ち着かない様子のまま退出してしまった。人々はそれを見て、互いに目配《くば》せをして笑い合った。蛇を見た時の衝撃と恐怖心とが、一箇月ほど経っても春家の心から消えていなかったのである。

『今昔物語集』の編者は、「世にある人で、蛇を見て怖がらない人はいないのだが、春家の場合は常軌を逸していた」と述べ、春家は前世では「蝦蟆《かへる》」だったのだろうかとも述べている。また、編者は、「蛇はすぐに人を害することはないが、不意にそれを見て気味が悪いと思うのは、誰しも同じである。だが、春家の場合は……」と言い、春家の反応が異常だったことをくり返し述べて、この話をしめくくっている。

同書には、蛇の登場する話がほかにも少なからず収めてある。しかし、春家ほどに蛇を怖がった人物の話は見あたらない。春家の話のなかには、語り手あるいは編者が、春家の様子や行動を強調して述べた箇所もあるかも知れないが、これが蛇に対する恐怖心や嫌悪感をあますところなく伝える話であることは、改めて言うまでもない。

この話を収載している『今昔物語集』は、全三十一巻から成る日本最大の古い説話集である。一〇〇〇を超える話が、「天竺《てんじく》（印度）」「震旦《しんだん》（中国）」「本朝《ほんちょう》（日本）」の三部に分けて編集してある。その「本朝部」に属する巻第二十八に、春家の話が収められている。「まえがき」でも言及したように、本書ではこのあとも同書から話を引用することが少なくない。

蛇に具わる怪異性

蛇は有鱗目蛇亜目《ゆうりんもくへびあもく》の爬虫類《はちゅうるい》で、人間や犬・猫のようには四肢を持たない。縄あるいは紐のように長くて細い体を左右にくねらせ、頭部を軽くもたげながら移動するのが普通である。先端が二つに分かれた舌を頻繁に出し入れし、獲物を見つければ口を大きく開けてすばやく食いつき、噛《か》み砕《くだ》くことなくそれをまるごと飲み込む。そうかと思えば、数えきれないほどの鱗《うろこ》が連なった古い殻を、目を覆う膜も含めてそのまま脱ぎ捨てるというかたちで脱皮し、一生の間に何度か表皮を更新する。

　このように、蛇という生き物は、見た目でもその生態・習性でも、日ごろ我々が接している四足動物とは大きく異なる存在である。そこから、蛇は気持ち悪くて不気味な生き物だという認識が生まれる。また、なかには猛毒を持つ種が少なからずいるところから、蛇というのは近づいてはならない恐ろしい生き物だという観念も生まれる*。

　前項にあげた春家の話は、述べたように平安時代の説話集に収められたものである。その話に反映するのは、春家という人物が蛇を目にした時の、独特の極端な反応や異常な行動であり、その特異性が話を面白いものにし、聞き手や読者の笑いを誘うものにもしている。

　しかし、本書が中心的な対象とするのは、平安時代つまり中古ではなく、それより前の奈良時代つまり上代の文献に見える蛇の話である。それらの古い話に共通するものは、一般的に言って、春家の時代の話には既にほとんど見られなくなっていた、一つの重要な特徴である。それは、奈良時代の話には、蛇という生き物が、恐るべき霊威を発揮する神として登場する、ということである。たまたま蛇を目にした春家の反応は確かにあまりにも大げさなものだったが、蛇を怖がる様子を周囲の者が揃《そろ》って笑うというような状況は、奈良時代には生じにくかったと思われる。いかなる神であれ、それを恐れる者を周囲の人々が笑うことなど想像しえないからである。

奈良時代に成立した『常陸国風土記《ひたちのくにふどき》』の逸文《いつぶん》には、各地の連絡のために設けられた「駅家《うまや》」に関する簡単な記事が見え、そのなかでは「大蛇」が「大神《おほかみ》」と言い換えられている。**

B　ここには駅家《うまや》がある。名を「大神《おおかみ》」という。そのように呼ぶのは、大蛇が多くいるからである。それで、(「大神」を)駅家の名とした。

(駅家《うまや》あり。名を大神《おほかみ》と曰《い》ふ。然称《しかい》ふ所以《ゆゑ》は、大蛇多《さは》に在《あ》り。因《よ》りて駅家に名《なづ》く。)〔新治郡〕

だから、奈良時代の話に登場する蛇に関しては、それを単に「蛇」と呼ぶよりも「蛇神」と呼ぶほうがふさわしい。

『古事記』に見える「八俣の大蛇《やまたのをろち》」、『日本書紀』に見える「八岐《やまた》の大蛇」が、奈良時代における恐るべき蛇神としての、代表的な例である。その蛇神が登場する神話では、大蛇のもつ怪異性や不気味さが、さまざまなかたちで強調的に描写されている。そのことを、『古事記』の記述で少しだけ見てみる。***

＊日本には八種の蛇が生息し、そのうちの二種が毒を持っているというのが、事典類に見える解説である。
＊＊「逸文《いつぶん》」とは、既にほとんどが失われた書物・文章のうち、ほかの文献に引用されるなどしてたまたま残った部分をさす。
＊＊＊同神話の全体については、第七章で詳細に検討を加える。

C　その目は赤い酸漿《ほおずき》のようで、一つの体から八つの頭と八つの尾が出ている。また、その体には蘿《こけ》や檜《ひのき》や杉が生えており、体の長さは谷が八つと尾根《おね》が八つにわたるほどで、腹を見れば全体に常に血が出て爛《ただ》れている。

（その目は赤かがちの如《ごと》くして、身一つに八頭八尾《やかしらやを》あり。またその身に蘿《こけ》と檜杉《ひすぎ》と生《お》ひ、その長さは谿八《たにや》谷峡八尾《たにをやを》に度《わた》りて、その腹を見れば悉《ことごと》に常に血爛《ただ》れつ。）〔神代記〕

蛇が目を光らせるとか、体がとてつもなく太くて長いとかといった表現は、ほかの文献の記事にも見える。しかし、身一つに八つの頭と八つの尾があり、体に蘿《こけ》・檜《ひのき》・杉が生えているとか、腹が爛《ただ》れて血が流れ出ているとかの描写は、ほかの神話や伝説には見あたらない。もともと蛇は不気味で恐るべき異形《いぎょう》の生き物だと人々が考えていたからこそ、そうしたイメージが大蛇の具体的な特徴として次々に想像され連想されて、右のように表現されるに至ったのだろう。

「夜刀《やと》の神」と呼ばれた蛇

蛇に対する古代人のイメージを端的に反映するものだ、と思われる記事がまだいくつかの文献に出ている。たとえば、『常陸国風土記』に出ている次の記事では、蛇の姿を見た者の一族が滅亡してしまう、と説明している。

D　土地の人が言うには、蛇のことを「夜刀《やと》の神」と呼ぶ。その神の姿は蛇体で頭に角が生えている。一族の人々を率《ひき》いて蛇の災禍《わざわい》から逃れようとする時に、蛇の姿を見る者がいれば、蛇は一族を滅ぼし、結局は子孫も絶えてしまう。蛇はこの郡の野原に多く棲《す》んでいる。

（俗《くにひと》いはく、蛇を謂《い》ひて夜刀《やと》の神と為《な》す。其《そ》の形は、蛇の身にして頭に角あり。率引《ひきゐ》て難《わざはひ》を免《まぬか》るる時、見る人あらば、家門を破滅《ほろぼ》し、子孫継《うみのこつ》がず。凡《すべ》て、此の郡の側《かたはら》の郊原《のはら》に甚多《いとさは》に住めり。）〔行方郡〕

「夜刀《やと》の神」と呼ばれる蛇の姿を見た者は、今いる一族が滅亡するだけでなくその子孫もまた絶えてしまう、という。そのような結果になるのは、人間の知ることができない霊威を蛇神が発揮するからだ、と考えられた。*

また、『日本書紀』に見える次の記事では、蛇の棲《す》んでいる場所に近づいた者の多くがその毒気を受けて死んだ、と説明している。

＊右に続く話では、一人の勇気ある人物が、人間の行動を邪魔する蛇を制圧する経緯が語られている。

E　この年に、吉備《きび》の中国《みちのなかのくに》の川嶋河の分岐点に大虬《みつち》が棲んでいて、人々を苦しめた。道を行く人が大虬のいる場所に近づけば、その毒気を受けて大勢の人が死んでしまう、という状況だった。

（是歳《ことし》、吉備の中国《みちのなかのくに》の川嶋河の派《かはまた》に、大虬《みつち》有りて人を苦しびしむ。時に路人《みちゆくひと》、其の処《ところ》に触れて行けば、必ず其《そ》の毒《あしきいき》を被《かうぶ》りて、多《さは》に死亡《し》ぬ。）〔仁徳紀六十七年〕

ここに出ているのは単なる蛇ではなく、「大虬《みつち》」と呼ばれる想像上の蛇類である。「みつち」という呼び名は、「水《み》つ霊《ち》」に由来すると考えられている。「水のある場所に住む神霊」の意である。*漢字としての「虬《きゅう》」は、「虯」の俗字である。「虬」「虯」のどちらも「龍」の類を表し、これに「有角曰虬（角《つの》あるを虬と曰《い》ふ）」という解説を加えている古字書もある。結局は、前の『常陸国風土記』の話に見える「夜刀の神」と同様に角《つの》の生えた蛇であり、角を持つということがこの蛇の不気味さや恐ろしさを象徴している、と理解してよい。

この記事の訓読文には、「其《そ》の毒《あしきいき》を被《かうぶ》りて」とあるが、その「毒《あしきいき》（悪しき息）」というのも、『常陸国風土記』の話の場合と同様に、「大虬《みつち》」に具わる恐るべき霊威を象徴するものだろう。**

蛇と刀剣とのつながり

ここで思いあたるのは、蛇の類だけでなく刀剣に関しても似たような恐ろしい話がまとわりついていた、ということである。そうした話の一つが、『播磨国《はりまのくに》風土記』に見える。

F　昔、近江《おうみ》の天皇（天智天皇）の御代《みよ》に、丸部《わにべ》の具《そなう》という名の者がいた。仲川の住人だった。この人が、河内《かわち》の国兎寸《とのき》の村の人が持っていた劒《つるぎ》を買い取った。この劒を手にしたのち、一家の者が残らず死んでしまった。

（昔、近江の天皇《すめらみこと》のみ世、丸部《わにべ》の具《そなふ》といふものありき。是《こ》は仲川の里人なり。此《こ》の人、河内《かふち》の国兎寸《とのき》の村の人の賣《も》たる劒《つるぎ》を買ひ取りき。劒を得てより以後《のち》、家挙《こぞ》りて滅び亡《う》せき。）〔讃容郡〕

ある村人が所有する劒《つるぎ》を、別の地に住む者が買い取った。そのあとで、劒の新たな持ち主の一族が滅亡してしまった、という。蛇だけでなく、刀剣にも人々の命を奪うほどの霊威が具わっている、と人々は信じたのである。

＊「水つ霊」の「つ」は、「睫《まつげ》（目《ま》つ毛）」の「つ」に同じく、「の」にあたる助詞である。

＊＊この話でも、勇敢な人物があとで多くの大虬を制圧したと語られている。

蛇と刀剣とに関してよく似た話ができたことには、然《しか》るべき理由がある。その理由に迫るヒントは、さきに言及した「八俣の大蛇」〔記〕の神話にも含まれている。つまり、同神話のなかでは、酒を飲んで眠ってしまった大蛇の体を、須佐之男命《すさのおのみこと》という英雄神が斬り散らしたところ、一つの尾のなかから「草那芸之大刀《くさなぎのたち》」つまり「草薙劔《くさなぎのつるぎ》」が出て来た、と語られている。これは、物語的に言うと、大蛇が劔に生まれ変わったことを意味する。奈良時代では、人々のイメージのうえで蛇と刀剣とは密接に重なっていたのである。そのことを示す記事は、ほかにもいくつかある。蛇に具わる霊威はそのまま刀剣に具わる霊威でもあったのである。*

右にあげた諸話といささか異なる内容のものだが、死んだ人間の強い執念が大蛇の姿になって現れたという記事も、『日本書紀』には見える。叛乱する蝦夷《えみし》を討伐しろと命じられた田道《たじ》という人物が、命令を果たすことができないままに敗死してしまった。その後、また蝦夷が人民を襲うとともに、田道が埋葬されている墓をも掘り起こす、という事件があった。その時に、墓のなかから大蛇が現れたという。

G　大蛇がいて、目に怒りを籠《こ》めて墓から出て来て噛《か》みついた。蝦夷《えみし》らはことごとく蛇の毒気を受け、大勢死んでしまった。ただ一人二人が、死を免れただけだった。そこで、当時の人が、「田道は既に死にはしたが、結局は報復して恨みを晴らした。どうして、死んだ人に意志がないなどと言えようか」と話した。

（則ち大蛇《をろち》有りて、目を発瞋《いから》して墓より出でて咋《く》ふ。蝦夷《えみし》、悉《ことごとく》に蛇の毒《あしきいき》を被《かうぶ》りて、多《さは》に死亡《し》ぬ。唯一二人《ただひとりふたりのひとまぬか》、免るること得つらくのみ。故《かれ》、時の人の云はく、「田道《たぢ》、既に亡《し》にたりと雖《いへど》も、遂に讎《あた》を報ゆ。何ぞ死にたる人の知《さとり》無からむや」といふ。）〔仁徳紀五十五年〕

こちらの記事では、墓から現れたのは「大虬《みつち》」ではなく「大蛇／蛇」だと明記されている。言うまでもなく、それは田道の執念あるいは霊魂が、大蛇という具体的な姿をとって蝦夷の前に現れたものである。**

叛乱を起こし、また墓を暴《あば》いた蝦夷が、「蛇の毒《あしきいき》を被《かうぶ》りて、多《さは》に死亡《し》」んだと訓読文にある。だから、前の話に出た、その毒気を受けて人々が死んだという「大虬」と、右の記事の「大蛇／蛇」とについては、語り手や編者の脳裏に大きい相違はなかったと理解してよいだろう。

この話は田道の執念の強さを強調するものだが、田道の執念が、ほかならぬ大蛇の姿をとって現れたという点に留意しなければならない。この記事にもまた、やはり蛇の類は人の命を奪うほどの恐るべき霊威を具えている、という人々の考えが反映している。

「田道」つまり「たぢ」という名は、古い神話や伝説に登場する人物によく見られるように、

*蛇と刀剣との結び付きのほかに、当時はこれらに雷もまた結び付いていた。三者間のイメージの重なりについては、第三章で例話をあげて説明する。

**「蝦夷《えみし》」は平安時代の「えびす」より古い語で、未開の異種族をさす。

話の内容をそのまま担うもので、いわば物語的な名、説話的な名だろう。つまり、「たぢ」は蛇のまむしをさす「蝮《たぢひ》」に由来するものだと考えられる。「たぢひ」という語は奈良時代の文献に既に見えており、実際にこの語を含む人名の例も当時あった。

蛇の類に対する奈良時代の人々のイメージは、以上で見たいくつかの記事によく表れている。蛇が登場するほかの記事も、以上のようなイメージを背景・基盤として成立し、語り継がれ、文字化されたものである。

蛇に対する呼び名

ここで、ぜひとも補足しておきたいことがある。それは、蛇に対する何種かの呼び名についてである。

平安時代から現在までの一般的な呼び名は、言うまでもなく「へび」である。しかし、それ以前の奈良時代では「へみ」と呼ばれた。「へみ」から「へび」へ、つまりmからbへという音韻《おんいん》変化が語中・語尾で起こったのだが、平安時代の文献でも、古い「へみ」の例がかなり目に付く。正しい言いかたは「へみ」であり、口頭語では「へび」と言うことが多い、と考えられていた可能性がある。*

蛇の呼び名としては、平安時代には、見た目に基づいた「朽ち縄」、つまり「くちなは」も多く使われた。また、近世には、誰もが納得しただろうと思われる、「長虫《ながむし》」という呼び名もあった。日本の方言を調べてみると、蛇を「なぎ」と呼ぶ地方がいくつかある。このことから、「なぎ」は蛇をさす古語であり、もとは広い地域にわたって用いられていたのだろう、という見解もある。この「なぎ」という語は、「八俣の大蛇」〔記〕の神話で、大蛇の尾から出て来たという「草那芸《くさなぎ》之大刀《のたち》」の「なぎ」に一致する。ただし、蛇の呼び名としての「なぎ」は古い文献に確実な例が見えない。

＊mからbへという変化の類例を少し補足すると、「虻」が「あむ」から「あぶ」へ、「黍」が「きみ」から「きび」へ、さらには「訛る」が「なまる」から「なばる」へ、などがある。Gの話に見える「蝦夷」が「えみし」から「えびす」へと変化したのも、同種の例である。

第一章　美男に変身して女に近づく蛇神

蛇体をもつ三輪山の神

『古事記』『日本書紀』『風土記』に載っている、蛇神に関するさまざまな伝承のうちで特に目立つのは、「三輪山説話」と総称される一群の神話・伝説である。三輪山には蛇体をもつ大物主神《おおものぬしのかみ》が住んでいると信じられていたが、同神がさまざまなかたちで人間と関わったことを語る、きわめて興味深い話である。本章では、蛇神に関する伝承を扱うにあたって無視することのできない、その「三輪山説話」を中心に据えて、蛇神に対する人々の考えかたを見ていく。*

「三輪山説話」と呼ばれるものは、一般的には三話あるとされる。しかし、本書の見解によればもう一つ、計四話あると考えてよい。

一般的な三話とは、次のような内容をもつものである。**

*「三輪山」は「美和山」とも書かれた。奈良県桜井市の北部にある山のことである。

A　大物主神が赤い矢に変身して溝を流れ下り、女が大便をしている所まで行ってその陰部を突いた。驚いた女は辺りを走りまわったが、結局は矢を家に持ち帰って床の辺に置いた。すると、矢は美形の男に変身して女と結婚し子をもうけた、という「丹塗矢《にぬりや》伝説」。

B　大物主神が美形の男に変身し、女のもとに通っていた。ある時に、女は男の衣の裾《すそ》に麻糸《あさいと》を付けておき、男が帰ったあとでその麻糸をたどって行った。すると、戸の鍵穴《かぎあな》から外に出ていた麻糸は三輪山の神の社《やしろ》のある所まで続いており、そこで途切れていた。そのことから、女のもとに通っていた男の正体が、三輪山に住む大物主神であることを知った、という代表的な「三輪山伝説」。

C　大物主神の妻になった女が、夫の与えた「私の姿に驚かないでほしい」という禁忌を破り、小蛇の姿になった夫を見て驚きの声をあげた。すると、そのことに恥じた夫は人の姿に変身し、怒りのことばを残して御諸山《みもろのやま》つまり三輪山に帰って行ってしまった。それを見た妻は、自分の行為を後悔してその場にすとんと座《すわ》り込んだ。すると、そこにあった箸が陰部に突き刺さり、そのまま妻は死んでしまった、という「箸墓《はしはか》伝説」。

そして、本書でいう、四つめの「三輪山説話」とは、

D　三諸岳《みもろのおか》つまり三輪山の神の姿を見たいと願った天皇が、腕力の強い男に神を捉まえて来るように命じた。男に連れて来られた神は大蛇の姿をしており、身を清めずに自分の前に現れた天皇に対して恐るべき霊威を示した。その霊威に恐れをなした天皇は目を覆《おお》い、神の姿を見ずに殿中に隠れてしまった。そのあとで、神はもといた場所に放たれた。

という内容をもつもので、数話ある「少子部《ちいさこべ》説話」の一つである。

Dの話では、神の住む場所が「三諸岳《みもろのをか》」と明記されてはいる。しかし、『日本書紀』の本文・訓読文を見ると、その神について、小字で、

E　或《ある》いは云《い》はく、此《こ》の山の神をば大物主神と為《い》ふといふ。或いは云はく、菟田《うだ》の墨坂神《すみさかのかみ》なりといふ。

と注記してある。つまり、話は大物主神に関するものだとも伝えられているし、「菟田の墨坂神」

＊＊Bの話は、その次の世代に起こったとされる別の話を伴っている。そのことについてはあとで説明する。

と呼ばれる別の神に関するものだとも伝えられている、という意味の注記である。当時も両説が存在したのである。この注記が付されているからだろうが、Dの話は、一般的には「三輪山説話」に含められてはいない。「三輪山説話」という時には、Dの話を除いた、A〜Cの三話をさすのが普通なのである。

ところが、話の内容や話の展開のありかたを細かく見れば、このDの話はCの話との間に類似点や対応点を多く持っており、全体的に「三輪山説話」との関係が密接であることが明確になる。その密接な関係については、すぐあとの項で、具体的に根拠を示しながら確認することにしよう。

さて、四話の内容から明らかなように、三輪山の大物主神はもともと蛇体をもつ神であり、状況・場所に応じて矢に変身したり男に変身したりする、と考えられた。また、同じく蛇体でも、「小蛇」(B)の姿で現れることもあれば「大蛇」(D)の姿で現れることもある、と考えられた。人間の女の前では美形の男になったが、蛇体のままでは、Cの話のように相手の女を驚かせるだけだから、その変身はぜひとも必要なことだった。

四話の内容は、いかに不可思議な神に関するものだとは言え、現代人から見れば異様で奇妙なものである。しかし、前章で見たように、当時の人々が蛇神に対していだいていたさまざまな負のイメージを考えれば、四話のなかで語られている蛇神の行動も、そのイメージの延長線上にあったことがわかる。それだけでなく、蛇神が人間の女を見そめ、美形の男に変身して女に近づいたとか、自分の与えた禁を破った妻に対して蛇神が怒りのことばを残して去って行った、とかと語られているように、「三輪山説話」に反映する蛇神の行動には妙に人間的なところもある。

「丹塗矢伝説」の蛇神

以下では、「三輪山説話」の内容を一話ずつ見ていく。

まずは、Aの「丹塗矢伝説《にぬりや》」である。「丹塗矢」とは、「丹」つまり赤い顔料を塗った矢をさす。赤は神を象徴する色だと言われる。

「丹塗矢伝説」は『古事記』の神武天皇の条に見えるもので、同天皇の皇后になった女の素性・誕生を語る話になっている。

A　天皇が皇后にすべき美人《おとめ》をお求めになった時に、大久米命《おおくめのみこと》が次のように申し上げた。「ここに娘がいます。これは神の御子です。というのは、三嶋湟咋《みしまのみぞくい》の娘である勢夜陀多良比売《せやだたらひめ》は容姿が美麗でしたので、美和《みわ》の大物主神《おおものぬしのかみ》が彼女を見て気に入り、彼女が大便をしている時に、丹塗矢《にぬりや》に変身してその溝を流れ下って行き、彼女の陰部を突きました。すると、彼女は驚いて立ち走り、ぶるぶる震えました。そして、彼女がその矢を持ち帰って、それを床の辺に置いたところ、矢はたちまち美男に変身して、彼女と結婚しました。そうして生まれた子は、富登多《ほとた》多良伊須須岐比売命《たらいすすきひめのみこと》と言い、別の名を比売多多良伊須気余理比売《ひめたたらいすけよりひめ》（これは、名の「ほと」ということばを避けて、あとになって改名したのです）と言います。こういうわけで、その子は神の御子《みこ》だというのです」。

（更に大后《おほきさき》とせむ美人《をとめ》を求《ま》ぎたまひし時、大久米命《おほくめのみこと》の曰《まを》しけらく「此間《ここ》に媛女《をとめ》あり。是《こ》を神の御子《みこ》と謂《い》ふ。その神の御子と謂ふ所以《ゆゑ》は、三嶋湟咋《みしまのみぞくひ》の女《むすめ》、名は勢夜陀多良比売《せやだたらひめ》、その容姿《かたち》麗美《うるは》しくありき。故《かれ》、美和《みわ》の大物主神《おほものぬしのかみ》、見感《みめ》でて、その美人の大便《くそ》為《ま》れる時、丹塗矢《にぬりや》に化《な》りて、その大便為れる溝《みぞ》より流れ下りて、その美人の富登《ほと》を突きき。ここに、その美人驚きて、立ち走りいすすきき。乃《すなは》ちその矢を将《も》ち来て、床《とこ》の辺に置けば、忽《たちま》ち麗《うるは》しき壮夫《をとこ》に成りて、即《すなは》ちその美人を娶《めと》して生める子、名は富登多多良伊須須岐比売《ほとたたらいすすきひめの》命《みこと》と謂ひ、亦の名を比売多多良伊須気余理比売《ひめたたらいすけよりひめ》（是《こ》はその富登《ほと》と云ふことを悪《にく》みて、後に名を改めつ）と謂ふ。故、是をもちて神の御子と謂ふなり」とまをしき。）〔神武記〕

三嶋湟咋《みしまのみぞくい》の娘である勢夜陀多良比売《せやだたらひめ》を、三輪山の大物主神が見そめた。そこで、同神はその女に近づくために赤い矢に変身して溝を流れ下り、女が大便をしている厠《かわや》（川岸に建てた屋）まで行って、陰《ほと》つまり性器を突いた。女がその矢を家に持ち帰って床の辺に置くと、矢は美男に変身して女と結婚した。そのあとで生まれたのが、富登多多良伊須須岐比売命《ほとたたらいすすきひめのみこと》であり、改名したあとの比《ひ》売多多良伊須気余理比売《めたたらいすけよりひめ》なのだ、という。

箸が陰部に突き刺さって女が死んだ、というCの話ほどではないものの、大物主神が矢に変身して女に近づき、大便をしている女の陰部を突いたというのは、やはり現代人にとってはひどく異様な内容の話だと思われる。

ただし、蛇神である大物主神が、ほかの道具にではなく矢に変身したことは、当時の人々の考えかたから見れば、特に意外なことではなかったようである。なぜなら、人々のイメージのうえでは、蛇は矢ともつながっていたからである。

蛇が登場する話の代表ともいうべき、さきにも言及した「八俣《やまた》の大蛇《をろち》」の神話は、実は『古事記』『日本書紀』の両書以外の文献にも載っている。たとえば、斎部《いんべ》氏の立場から日本の歴史をまとめた『古語拾遺《こごしゅうい》』（九世紀の初期に成立）という書物にも、内容が単純化されたかたちではあるが、この神話が記されている。そこには、英雄神である須佐之男命《すさのおのみこと》が大蛇を退治した時に使った霊剣が、「天《あめ》の十握剱《とつかのつるぎ》」として出ており、その霊剣に次のような解説が付してある。

F　その名称は「天の羽々斬《ははきり》」という。今は石上神宮《いそのかみのかみのみや》にある。古語では、大蛇《おろち》を「羽々《はは》」と言った。それで、「羽々斬」とは「虵を斬《き》る」の意となる。

（其の名は天羽々斬といふ。今、石上神宮に在り。古語に、大虵を羽々と謂ふ。言ふこころは、虵を斬るなり。）

古語では「虵」つまり蛇を「はは」と言ったから、「はは斬り」とは「蛇を斬る」の意だ、という解説である。* この解説をもとにして、大蛇を斬ったと『日本書紀』にある「天蝿斫剱《あめのははきりのつるぎ》」〔神代紀上〕や、『古事記』に見える「天之波波矢《あめのははや》」〔神代記〕などについて考えると、刀剣は言うまでもなく矢もまた蛇とイメージのうえで重なっていた、と理解してよい。大蛇のように強い威力をもつものだということから、特別に強力な矢を「はは矢」と呼んだのだろう、と言われている。あるいは、力強くまっすぐに飛ぶ矢の様子が、地面を直進する蛇の動きを連想させた故の名なのかも知れない。

こうしたことを考慮すると、蛇神である大物主神が矢に変身することは、当時の人々の考えでは特に意外なことではなかったはずである。

登場者に与えられた名

Aの話に登場する、「三嶋湟咋《みしまのみぞくひ》」「勢夜陀多良比売《せやだたらひめ》」「富登多多良伊須須岐比売命《ほとたたらいすすきひめのみこと》」という三代にわたる名に注目したうえで、それらをことばの面から分析すると興味深いことが明らかになる、と述べる研究者もいる。

三嶋のみぞくひ（溝杭《くひ》）……………溝を流れ下る杭つまり矢

せやだたら姫（征矢《せや》立姫）……………征矢を立てられ姫

ほとたたらいすすき姫（陰立震姫）……………陰《ほと》に矢を立てられ震え姫

つまり、名の表記に用いられている漢字の意味にとらわれずに、名を日本語そのものに戻して意味を分析すれば、三代にわたる名は、右のように話の展開をよく反映したものであることがわかる、というのである。一代めの名に含まれる「杭《くひ》」は棒状のもので、これは同じく棒状の「矢」を象徴している。現に、二代めの娘の名には、矢の一種をさす「征矢《せや》」が含まれている。また、二代めの娘と三代めの孫の名に共通する「立たら」は、「立てられ」という受身を表す古い言いかたであり、三代めの名に含まれる「いすすき」は「ぶるぶる震え」の意を表す動詞だという。

確かに、三代にわたる名は、「溝を流れ下った矢を陰部《ほと》に立てられ、ぶるぶる震える姫」というかたちにまとめることができる。だから、三つの名は、意味的に重なる部分をもちながらも、話の前半部の展開をほぼ反映するものになっている、と言える。どの名も、さきに物語的な名だとか説話的な名だとかと述べたものにあたる。こうした名の例は、成立の古い話によく出てくる。

一代めの名の「溝杭」は、矢が溝を流れ下ったことを表すが、Aの話を読むと、それは二代めの娘に関する出来事になっているから、世代が一つ前にずれている。また、二代めの娘に起こった「陰《ほと》立たら」「いすすき」などの出来事が、三代めにあたる孫の名に含まれており、世代が一

＊Fの話に見える「虵」は「蛇」の俗字だから、両字の間に意味・読みの面で違いはない。

つあとにずれている。この種のずれも、成立の古い話によく見られる現象である。

話に登場する人物の名がその話の内容や展開を反映するものになるのには、二つの場合が想定できる。一つは、登場者の具体的な名が既に話に含まれている場合である。登場者の名に対して話の語り手が解釈を加えることにより、その解釈に基づいたかたちのストーリーが付け加えられ、話が結果的により長いものになる、という場合である。もう一つは、もとの話がある程度のストーリーをもち、何人かの登場者の名が具体的に伝えられていない、という場合である。話に真実味をもたせるために語り手が具体的な名を新たに導入しようとし、ストーリーを強く意識すればするほど、導入する名はそれを素直に反映するものになりやすい。

おそらく、今日の我々が読んでいるような内容の「丹塗矢伝説」が成立するには、これらの二つの状況が複雑に絡《から》んだのだろうと思われる。

Aの話に登場する蛇神と人間の女の行動に注目すると、両者の間には、次のような内容面での対応関係が認められる。

i　美しい女／美形の男

ii　男の、矢への変身／矢の、男への変身

iii　矢の、女のもとへの到来／女の、矢の持ち帰り

三点のうち、特に重要なのはⅲである。大物主神が人間の女を見そめてそれに近づいたのに対し、女は矢を自分の家に持ち帰って「床《とこ》の辺に置」（訓読文）いた。この女の行動は、女が大物主神の到来を積極的に受け入れたことを示している。

ⅰ〜ⅲのような対応関係もまた、無文字の時代・口承の時代にその骨格が成立したと考えられる話に、しばしば認められるものである。*

代表的な「三輪山伝説」の蛇神

続いて取り上げるのは、『古事記』の崇神《すじん》天皇の条に見える、Bの代表的な「三輪山伝説」である。「代表的な」という修飾語を付したのは、単に「三輪山伝説」という時にはこの話をさすことがあるからである。

この型の話は「苧環《おだまき》伝説」とも呼ばれる。「苧環」は現代人にはほとんど縁がないものだが、紡《つむ》いだ麻糸を巻いておくための中空の道具、つまり糸巻きの類をさす。「緒手巻《をだまき》」の意だという。

Bの話は、既に簡単に言及したように、二世代にわたる話を重ねたかたちの構成になっている。

＊ただし、蛇神が丹塗矢に変身して溝を流れ下り、大使をしている女に近づいてその陰部を突いたという話題は、後次的に話のなかに組み込まれたものである可能性がある。そのことについては、第八章で詳しく述べる。

そのうちあとの世代に関する話に対応するものは、『日本書紀』の崇神天皇の条にも出ているが、ここでは『古事記』の記述で話を見ていくことにする。

『古事記』の記述では、先に置かれているのがあとの世代に関する話であり、あとに置かれているのが前の世代に関する話だから、時代から見れば話の配置が逆になっている。

二世代にわたる話のうち、Cの話と同様に、大物主神が女のもとへ通っていたという、前の世代に関する話をB_1とし、あとの世代に関する話をB_2としてあげる。

B_1　この意富多多泥古《おおたたねこ》という人を神の子だと知った理由は、（およそ次のとおりである）（略）活玉依毘売《いくたまよりびめ》は容姿が端正だった。それで、一人の男がいて、その容貌や身なりの立派な人が、夜中に急にやって来るようになった。お互いに気に入って一緒に住んでいる間に、あまり時も経っていないのに、その美人が妊娠した。すると、父母がそのことを奇妙に思い、娘から事情を聞き出した。そして、男の素性を知ろうとして、娘に教えて「赤土を床の前に散らし、糸巻の麻を針に通して、男の衣の裾《すそ》に刺しておきなさい」と言った。娘は教えられたとおりにし、翌朝になって見てみると、針を付けた麻糸は、戸の鍵穴から外へ出ていて、糸巻に残ったのは三つの輪だけだった。外へ出ている麻糸をたどって行ったところ、麻糸は美和山（三輪山）の神の社の所で途切れていた。それで、娘が孕《はら》んでいるのは神の子だとわかった。麻糸が三つの輪だけ残っていたことから、そこを「美和」つまり「三輪」と名付けた。（こうして生まれた）

意富多多泥古命は、神君《みわのきみ》や鴨君《かものきみ》の祖先にあたる。

（この意富多多泥古《おほたたねこ》と謂《い》ふ人を、神の子と知れる所以《ゆゑ》は、（略）活玉依毘売《いくたまよりびめ》、その容姿端正《かたちうるは》しくありき。ここに壮夫《をとこ》ありて、その形姿威儀《すがたよそほひ》、時に比無《たぐひな》きが、夜半《よなか》の時に倏忽《たちまち》到来《き》つ。故《かれ》、相感《あひめ》でて、共婚《まぐは》ひして共住《すめ》る間に、未だ幾時《いくだ》もあらねば、その美人《をとめ》妊身《はら》みぬ。ここに父母、その妊身みし事を怪《あや》しみて、その女《むすめ》に問ひて曰《い》ひけらく、「汝《な》は自《おのづか》ら妊《はら》みぬ。夫《を》無きに何由《いかに》か妊身める」といへば、答へて曰ひけらく、「麗美《うるは》しき壮夫ありて、その姓名《かばね》も知らぬが、夕毎《よひごと》に到来《き》て共住《す》める間に、自然《おのづから》懐妊《はら》みぬ」といひき。ここをもちてその父母、その人を知らむと欲《おも》ひて、その女に誨《をし》へて曰ひけらく、「赤土を床の前に散らし、巻子《へそ》紡麻《を》を針に貫きて、その衣の襴《すそ》に刺せ」といひき。故、教への如くして旦時《あした》に見れば、針著《つ》けし麻《を》は、戸の鉤穴《かぎ》より控《ひ》き通りて出でて、ただ遺《のこ》れる麻は三勾《みわ》のみなりき。ここにすなはち、鉤穴より出でし状《さま》を知りて、糸の従《まにま》に尋ね行けば、美和《みわ》山に至りて神の社に留まりき。故、その神の子とは知りぬ。故、その麻の三勾遺りしによりて、其地《そこ》を名づけて美和《みわ》と謂ふなり。この意富多多泥古命は神君《みわのきみ》、鴨君《かものきみ》の祖。）〔崇神記〕

活玉依毘売《いくたまよりびめ》が妊娠したことを知った両親が、相手の男の素性を探ろうとして、男の衣の裾《すそ》に麻糸を付けておくように娘に言った。言われたとおりにした娘が、朝になってから「巻《へ》子《そ》紡麻《を》」（訓読文）を見てみると、それは戸の鍵穴《かぎあな》から外へ続いており、美和《みわ》山（三輪山）の神の社《やしろ》がある所で途切れていた。それで、娘が孕《はら》んでいるのは美和山の神の子だとわかった。こうして誕生した子が、右の話の冒頭に出ている意富多多泥古《おほたたねこ》である。糸巻きには麻糸が三つの輪だけ残っていたので、そこを「三輪」と名付けた、という。

訓読文に見える「巻子紡麻《へそを》」を細かく説明すると、「巻子《へそ》」と呼ばれる糸巻きに、「紡麻《を》」つまり紡《つむ》いだ麻糸が巻いてあるものをいう。それが大物主神をめぐる話のなかに出ているのは、蛇が何かに巻き付いている様子が「巻子紡麻《へそを》」を連想させたからなのかも知れない。

針に糸を通すことと、鍵穴を蛇神が通ることとは、細くて長いものが狭い穴を貫くという点で互いに酷似する行為である。B_1の話が成立するある段階で、既に話に含まれている一方の行為から新たに連想された他方の行為が、やがて話のなかに組み込まれることになったのだろう。

麻糸が戸の鍵穴を通って外へ続いていたことが、蛇神である大物主神が鍵穴を通って女の家に出入りしていたことを暗示する以外には、異様なことだと現代人に感じさせる点はなさそうである[*]。

神の祭祀による祟《たた》りの解消

右に引用した訓読文の冒頭に「この意富多多泥古《おほたたねこ》と謂《い》ふ人を……」とあることでもわかるように、その直前には意富多多泥古が登場する話が置かれている。それが、二世代にわたる話のうちの、あとの世代に関するB_2の話である。

B_2　この天皇の御世に、疫病《えきびょう》が蔓延《まんえん》し、人民が死に絶えそうになった。そこで、天皇は困り嘆いて、（神の意志を知ろうとして）神床《かむとこ》にお休みになった夜に、大物主大神が夢に現れて「これは私の意志によることである。意富多多泥古に私を祭らせれば、私の祟《たた》りが起こらず、国は平穏になるだろう」と言われた。それに従って、早馬の使いを四方に走らせて意富多多泥古という人を探させられた時に、河内の美努村でその人を探しあてて、（天皇に）献上した。天皇が「お前は誰の子か」とお聞きになると、「私は、大物主大神が、陶津耳命《すえつみみのみこと》の女《むすめ》である活玉依毘売を妻としてもうけた子の、名は櫛御方命《くしみかたのみこと》、さらに櫛御方命の子である飯肩巣見命《いいかたすみのみこと》の子、さらにその子である建甕槌命《たけみかづちのみこと》の子であり、名を意富多多泥古と言います」とお答えした。天皇は大いに喜ばれ、「天下が平穏になり、人民が栄えるだろう」と言われ、意富多多泥古命を神主とし、御諸山に意富美和《おおみわ》の大神を祭られた。また、伊迦賀色許男命《いかがしこおのみこと》に命じて神聖な多くの器を作らせ、天神地祇《あまつかみくにつかみ》の社を新たに定め奉らせられた。また、宇陀《うだ》の墨坂神《すみさかのかみ》に赤色の楯矛《たてほこ》を祭り、また大坂神に墨色の楯矛を祭り、また坂の御尾《みお》の神と河の瀬の神に、すべて残し忘れることなく幣帛《みてぐら》を奉らせられた。これによって、疫病はすっかり止み、国家《あめのした》が平穏な状態に戻った。

（この天皇の御世《みよ》に、役病《えやみ》多《さは》に起こりて、人民《たみ》死にて尽きむとしき。ここに天皇、愁《うれ》ひ歎きたまひ

＊衣に付けた糸をたどって行って男の素性を知る、というタイプの奈良時代の話はほかにもある。それについては、第四章で取り上げて分析を加える。

て、神床《かむとこ》に坐《ま》しし夜、大物主大神、御夢《みいめ》に顕《あら》はれて曰《の》りたまひしく、「こは我が御心ぞ。故《かれ》、意富多多《おほたた》泥古《ねこ》をもちて、我が御前を祭らしめたまはば、神の気《け》起こらず、国安らかに平《たひ》らぎなむ」とのりたまひき。ここをもちて、駅使《はゆまづかひ》を四方《よも》に班《あか》ちて意富多多泥古と謂《い》ふ人を求めたまひし時、河内の美努村《みののむら》にその人を見得て貢進《たてまつ》りき。ここに天皇、「汝《な》は誰が子ぞ」と問ひたまへば、答へて曰《まを》ししく、僕《あ》は大物主大神、陶津耳命《すゑつみみのみこと》の女《むすめ》、活玉依毘売を娶《めと》して生める子、名は櫛御方命《くしみかたのみこと》の子、飯肩巣見命《いひかたすみのみこと》の子、建甕槌命《たけみかづちのみこと》の子、僕《あれ》意富多多泥古ぞ」と白《まを》しき。ここに天皇、大《いた》く歓《よろこ》びて詔《の》りたまひしく、「天の下平らぎ、人民栄えなむ」とのりたまひて、すなはち意富多多泥古命をもちて神主として、御諸山《みもろやま》に意富美和《おほみわ》の大神の前を拝《いつ》き祭りたまひき。また、伊迦賀色許男命《いかがしこをのみこと》に仰《おほ》せて、天の八十平瓮《やそびらか》を作り、天神地祇《あまつかみくにつかみ》の社を定め奉りき。また、宇陀《うだ》の墨坂神《すみさかのかみ》に赤色の楯矛《たてほこ》を祭り、また大坂神に墨色の楯矛を祭り、また坂の御尾《みを》の神、また河の瀬の神に、悉《ことごと》に遺《のこ》し忘るること無く幣帛《みてぐら》を奉りたまひき。これによりて、役の気《えやみ》悉《ことごと》に息《や》みて、国家《あめのした》安らかに平らぎき。〕

〔崇神記〕

「疫病《えきびょう》が流行しているのは私の祟《たた》りによるものであり、意富多多泥古に私を祭らせれば、疫病は収束するだろう」と、大物主大神が天皇に夢のなかで告げた。天皇はすぐに「意富多多泥古」という名の人物を探し出させ、その人物が同神の血を引く者であることを確認したうえで、これを神主に任命した。そして、御諸山に大三輪の神を祭られた。また、天皇は伊迦賀色許男命《いかがしこおのみこと》に神聖な器《うつわ》を多く作らせ、あちこちの神々を丁寧に祭らせられた。その結果、疫病は収束して国家はもとの平穏な状態に戻った、という。これが、あとの世代に関する話である。

このB₂の話は、神の祟りという厄難《やくなん》が、神の要求を人が受け容れたことによって解消されたという内容のものであり、その点を除けば、現代人が特に異様だと感じる要素は含まれていない。

『日本書紀』の訓読文には、大物主神は「吾が児大田田根子《こおほたたねこ》を以て、吾を令祭《まつ》りたまはば……」と述べた、とある。また、大田田根子自身が天皇の質問に対して、「父をば大物主大神と曰《まを》す。母をば活玉依媛《いくたまよりびめ》と曰す」と答えた、ともある。この別伝によれば、大田田根子は、『古事記』にいうように大物主神の子孫ではなく、同神の実子だということになる。

B₁・B₂二話の内容的な類似

意富多多泥古の素性を語るB₂の話と、その直後に置かれた、大物主神と活玉依毘売との関係を語るB₁の話には、蛇神が人に変身したとか、神が蛇体を現したとかいう場面がまったく含まれていない。A・C・Dの三話がもつような、蛇伝承に特徴的な要素に乏しいのである。蛇神に関する話だとは言え、我々が話の内容にあまり異様さを感じない理由はそこにある。

ところで、一読しただけだと、二世代にわたるB₁とB₂の二話は、まったく異なる内容をもつ話だと思われる。しかし、二話に細かい分析を加えると、Cの話とDの話ほどには密接でないにしても、B_1とB_2の二話はほぼ同じ内容・筋立てをもつ話だ、ということが明らかになる。そうした類似が二話に関する大きな特徴だとも言えるので、そのことについて具体的に見てみる。

二話の内容面での類似は、次の三点にまとめることができるだろう。

i　大物主神とその子孫／実子の両者を、人が結びつけること

ii　iの両者を結びつける直接の手がかりを、大物主神が人に与えること

iii　iの両者を結びつけることによって、大物主神に関わる問題が解消すること

まず、iについてだが、B_2の話では、物理的にかけ離れた存在だった大物主神と意富多多泥古とが、神とそれを祭る神主というかたちで、直接にかつ密接に結びつく。B_1の話では、活玉依毘売が孕《はら》んだ子の父親は誰なのかが初めのうちは不明だから、話の登場者たちにとってはその子と大物主神との関係、特に大物主神のことは、まったく問題にならなかったはずである。しかし、あとになって子の父親が大物主神だとわかり、両者が親と子として結びつけられることになる。

次に、両者を結びつけることを可能にした、iiの手がかりとは何か。B_2の話のなかに出ている手がかりとは、大物主神が明らかにした、子孫／実子のもつ「意富多多泥古」という名である。大物主神の子孫／実子を人々が結果的に探し出すことができたのは、同神が人々にその子孫／実子の名を明示したからであり、それが明示されなかったら、子孫／実子を探し出すことはできな

かっただろう。また、B_1の話のなかに出ている手がかりとは、言うまでもなく大物主神の衣の裾に付けられた麻糸である。それがなかったら、やはり子の父親が誰なのかを人々が突き止めることはできなかっただろう。どちらの話でも、祖先／父親である大物主神に属するものが、結果的に同神と子孫／実子とを結びつけることになっている。

さらに、大物主神に関わる特定の問題が解消するiiiだが、B_2の話では、疫病の蔓延《まんえん》によって人民が死に絶えそうだという、大物主神のもたらした問題が、その子孫／実子を人が発見することによって解消する。また、B_1の話では、これから生まれてくる子の父親は誰なのかという問題が解消するのは、大物主神のいる社の所で麻糸が途切れているのを、人が発見することによる。

二話の内容面での類似は以上のようなものだが、右の三点を簡単にまとめると、二話の間に認められる内容・筋立ての類似はさらにはっきりする。

B_1……これから生まれてくる子の父親が大物主神であることを、同神の衣に付けられた麻糸を手がかりにして人が突きとめる。その結果、子の父親に関する疑問が解消する。

B_2……過去に生まれた大物主神の子孫／実子の所在を、同神が明示した名を手がかりにして人が突きとめる。その結果、同神を原因とする疫病の蔓延が解消する。

二話の内容・筋立てが、右にまとめたようなかたちで類似しているとすると、そのことからどのようなことが想定できるのか。とりあえず想定できるのは、一方の話が先に成立しており、あとでその影響を受けて別の人物が他方の話を構成したのだろう、ということである。また、同じ人物がそれぞれ別の話として二話を構成したからこそ、別の話のつもりでも二話は互いに類似するものになったのだろう、という想定も可能である。

当時の神話や伝説は個人の創作物語ではなく、一つの話が成立するには長い間にわたって多くの人物が関与したはずである。また、長い成立の過程では、話に含まれる素材もさまざまなかたちで変化し増減をくり返したに相違ない。だから、同じ人物が前後して二話を構成したと想定するよりは、一話が構成されたあとで、それに応じる内容をもつもう一話が、あとで別の人物によって構成された、と想定するほうが実際的であり自然である。

ただし、二話の内容がほぼ成立したあとでも、話の中身はそれなりに変化を経験しただろうと思われる。

蛇神の変身

以上で、一般的にはA〜Cの三話があるとされる「三輪山説話」のうち、AとBの二話についてその内容や構成がどのようなものなのかを、ひととおり確認した。

「三輪山説話」に共通するのは、どれも大物主神が人間の女と関わりをもつという点である。ただし、同神が女と関わりをもつとは言っても、その内容は一様ではない。大物主神の子が誕生するAとBのような話もあれば、子のことは少しも語らずに夫婦関係の突然の破綻を正面から語る、というCのような話もある。

大物主神が人間の女と関わりをもつのに必要なのは、同神がもとの蛇体から人間の男へと変身することである。Bの話のように、蛇体のままでも女に近づくのに問題がない場合もあるが、蛇体のままでは女と物理的な関わりをもつことができない。本章のタイトルを「美男に変身して女に近づく蛇神」としたように、話のなかで蛇神が男に変身するのは当然のことだった。変身は、蛇の場合に限らず、とにかく何かの異類が人間と関わりをもつ話にとって不可欠の要件なのである。

ただし、平安時代の説話のなかには、蛇が本来の姿のままで人間の女と直接に関わったことを語る話もないではない。そのような話は、蛇に具わっていると考えられた神性・霊威に代わって、仏教あるいは特定の仏のもつ霊力が人々に信じられるようになってから成立したものである。*

＊本書の終章で、数話を取り上げてそのことを確認する。

第二章　四つめの「三輪山説話」と蛇神

「箸墓伝説」に登場する妻

「三輪山説話」のうち、残ったCの「箸墓伝説」と、本書で四つめの「三輪山説話」だと認めるDの「少子部伝説」とを取り上げ、A・Bの二話の場合と同様に、その内容と構成とについて考えてみる。C・Dの二話の間には、前章でも簡単に述べたように、偶然とは考えられないほどに密接な対応関係が認められるからである。

Cの「箸墓伝説」は『日本書紀』の崇神《すじん》天皇の条に見えるもので、蛇神の妻になった女が誤って箸で自身の陰部を突き、そのまま死んでしまったという、ひどく異様で意外な結末をもつものになっている。

C　このあとで、倭迹迹日百襲姫命《やまとととびももそひめのみこと》は大物主神の妻になった。ところが、その神は、いつも昼には姿を見せず、夜にだけ（彼女のもとへ）来た。倭迹迹姫命は、夫に「あなたは、いつも昼にはお見えになりませんので、はっきりとそのお顔を見ることができません。どうか、しばらくここにお留まりください。明日の朝、振り仰いで美麗で立派なお姿を拝見したく存じます」と言った。大神は、「言うことは道理である。私は、明日の朝、お前の櫛笥《くしげ》に入っていることにしよう。どうか、私の姿に驚かないでほしい」と答えた。その時に、倭迹迹姫命は、(神は)奇妙なことを言うと心のなかで思った。夜明けを待って櫛笥を見てみると、なかに美麗な小蛇がいた。その長さと太さは、衣紐《したびも》のようだった。それで、(彼女は)驚いて叫び声を上げた。すると、神は恥じてすぐに人間に変身した。(神は)その妻に、「お前は、我慢せずに私に恥をかかせた。今度は、私がお前に恥をかかせてやる」と言った。そして、大空を踏みつけて御諸山《みもろやま》に登って行った。その時に、倭迹迹姫命は、それを仰ぎ見て、後悔のあまりそこへすとんと座り込んだ。そして、(そこにあった)箸で陰部を突いて亡くなった。(彼女の遺体は)大市《おおち》に葬った。それで、当時の人々は、その墓を「箸墓《はしはか》」と名づけた。この墓は、昼は人が造り、夜は神が造った。大坂山の石を運んで造った。

(是《こ》の後に、倭迹迹日百襲姫命《やまとととびももそひめのみこと》、大物主神《おほものぬしのかみ》の妻と為《な》る。然《しか》れども、其の神、常に昼は見えずして、夜のみ来《みた》す。倭迹迹姫命、夫に語りて曰《いは》く、「君、常に昼は見えたまはねば、分明《あきらか》に其の尊顔《みかほ》を視ること得ず。願はくは、暫《しま》し留りたまへ。明旦《くるつあした》に、仰ぎて美麗《うるは》しき威儀《みすがた》を観《み》たてまつらむと欲《おも》ふ」といふ。大神、対《こた》へて曰く、「言理灼然《ことわりいやちこ》なり。吾、明旦に汝《いまし》が櫛笥《くしげ》に入りて居らむ。願はくは、吾が形にな驚きましそ」とのたまふ。爰《ここ》に、倭迹迹姫命、心の裏《うち》に密《ひそか》に異《あや》ぶ。明くるを待ちて櫛笥を見れば、遂に美麗《うるは》しき小蛇《こをろち》有り。其の長さ太さ、衣紐《したびも》の如し。則ち驚き叫啼《さけ》ぶ。時に、大神、恥ぢて、忽《たちまち》に人の形と化《な》りたまふ。其の妻に謂《かた》りて曰く、「汝、忍びずして吾に羞《はぢみ》せつ。吾、還《かへ》りて汝に羞せむ」とのたまふ。仍《よ》りて、大虚《おほぞら》を践《ほ》みて、御諸山《みもろのやま》に登ります。爰に、倭迹迹姫命、仰ぎ見て、悔いて急居《つきう》。則ち箸に陰《ほと》を撞《つ》きて薨《かむさ》りましぬ。乃ち大市《おほち》に葬《はぶ》りまつる。故《かれ》、時の人、其の墓を號《なづ》けて、箸墓《はしはか》と謂《い》ふ。是の墓は、日《ひる》は人作り、夜は神作る。故《かれ》、大坂山の石を運びて造る。）〔崇神紀〕

夫である大物主神が、妻である倭迹迹日百襲姫命《やまとととびももそひめのみこと》（倭迹迹姫命）に対して「私の姿を見ても、決して驚かないでほしい」と言った。しかし、夫の「美麗《うるは》しき威儀《みすがた》」（訓読文）を見たいと望んでいた妻が、「美麗《うるは》しき小蛇《こをろち》」（同）になった夫を見た時に、妻は夫が与えた禁を破って驚きの叫び声を上げげた。夫は人間の姿になり、怒って「大虚《おほぞら》を践《ほ》みて」（同）御諸山《みもろのやま》つまり三輪山に帰って行った。妻は自分の行為を後悔し、その場にすとんと座《すわ》り込んだ。その時に、下にあった箸が陰部に突き刺さり、妻は死んでしまった、という。

この話を読む際に多くの人が感じるだろうと思われるのは、妻に与えられた「倭迹迹日《やまとととび》百襲姫命《ももそひめのみこと》」という名が、ひどくややこしいものであり、また読みにくいものだということである。そのように感じるおもな原因は、名の最初にある「倭」と最後にある「姫命」とを除く、「ととびももそ」の意味が、現代人の理解を超えている点にある。

妻の名について、これまでも解釈があることはある。しかし、その解釈はやや屈折していて、語学的な知見からも認めがたいものである。だから、それとは別なかたちでの解釈・理解が必要である。

妻の名は説話的な背景を担うものであり、「ととび」に続く「ももそ」は「百衣《ももそ》」の意ではないか。つまり、「百衣」という複合名詞は、蛇が何度も脱皮を繰り返すことを表す、「多くの着衣」の意であり、それは、蛇神の妻がもつ名にふさわしいものである。残る「ととび」の部分も、同様に説話的な背景を担うものだろうと考えられる[*]。

「ももそ」の「そ」に充《あ》てられている「襲《そ》」は、下の部分に「衣」があるように「着る」の意を表し、さらに「継ぐ」「重なる」などの意をも表す字である。この「襲」は、名の表記に用いた例としてはきわめて珍しいものだが、あえてそれを妻の名に用いたのは、この話を文字化した人物が妻の名の原義を考慮したからに違いない。

ところで、Cの話の訓読文にある「大虚《おほぞら》を践《ほ》みて」は、雷神でもある蛇神が天空で雷鳴を発したことに基づく表現である。当時の人々は、雷鳴とは天にいる神が雲を踏みつける音だと考えたのである[**]。

話の最後には、箸が陰部に突き刺さったために死んでしまった妻の墓について、「日《ひる》は人作り、夜は神作る」という説明が付されている。その説明は、「箸墓」という呼称につながっているだけでなく、神である夫が夜にしか妻を訪ねなかったこととも照応している。

C・D二話の内容と展開

他方のDの「少子部伝説」だが、右にあげたCの話と同様に、人が神の姿を見たいと願うところから話が始まる。神の姿を見ることを人が願う、という話題を含む話はこの二つに限られるが、二話の間に認められる類似・対応はそれだけでなく、話全体の内容・構成にも及んでいる。Dの話は、Cの話と同様に『日本書紀』に出ているものだが、前者はそれよりあとの雄略天皇の条に見える。

D　天皇は、少子部連蜾蠃《ちいさこべのむらじすがる》に詔《みことのり》を発し、「私は三諸岳《みもろのおか》の神の姿を見たいと思う。お前は、腕力がほかの人間に優っている。行って捉《とら》えて来い」と言われた。蜾蠃は、「試みに行って捉えましょう」と答えた。そして、三諸岳に登り、大蛇を捉えて来て、天皇に見せた。天皇は、(神の前に出るにあたって)身を清めなかった。それで、(神が怒ったために)雷が光り、大蛇の目が輝いた。

＊「ととび」に対しても本書なりの解釈はあるのだが、分析がやや専門的で煩雑なものになるので、ここでそれを説明することは割愛する。

＊＊この考えかたについては、第八章で具体的に例をあげて説明する。また、イメージのうえで蛇と重なっていたものについては、すぐあとの章で詳しく説明する。

天皇はそれを恐れ、目を覆ったまま神を見ずに殿中に隠れた。（そして、あとで）神を岳《おか》に放たせた。そういうことがあって、（蜾蠃に対し）改めて雷《いかづち》という名を与えた。

（天皇《すめらみこと》、少子部連蜾蠃《ちひさこべのむらじすがる》に詔《みことのり》して曰《のたま》はく、「朕《われ》、三諸岳《みもろのをか》の神の形《すがた》を見むと欲《おも》ふ。汝《いまし》、膂力《ちから》人に過ぎたり。自《みづか》ら行きて捉《とら》へて来《まゐこ》」とのたまふ。蜾蠃、答へて曰《まを》さく、「試《こころみ》に往《まか》りて捉へむ」とまをす。乃《すなは》ち三諸岳に登り、大蛇《をろち》を捉へて、天皇に示《み》せ奉《まつ》る。天皇、斎戒《ものいみ》したまはず。その雷《かみ》、虺虺《ひかりひろめ》きて、目精《まなこ》赫《かかや》く。天皇、畏《かしこ》みたまひて、目を蔽《おほ》ひて見たまはずして、殿中《おほとの》に却入《かく》れたまひぬ。岳に放たしめたまふ。仍《よ》りて、改めて名を賜ひて雷《いかづち》とす。）。〔雄略紀〕

大物主神の姿を見たいと願う雄略天皇が、その神を捉えて来るようにと、特に勇猛な男である少子部連蜾蠃《ちいさこべのむらじすがる》に命じた。蜾蠃が捉えて来たのは大蛇だった。蛇神は身を清めずに自分の前に現れた天皇に対して、怒って雷鳴をとどろかせ、また目をぎらぎら光らせた。天皇はその霊威を恐れ、神を見ようとせずに目を覆って、殿中に隠れてしまった。そのあとで、天皇は蛇神をもとの三諸岳《みもろのおか》（三輪山）に放させた。こういうことがあって、蜾蠃には「雷《いかづち》」という新しい名が与えられた、という。

この新しい名は、雷神でもある、強い威力を発揮する蛇神を捉えて来たことに基づくものである。雷にも負けないほどの強い威力をもつ男、ということである。*

A〜Cの「三輪山説話」は、揃《そろ》って大物主神と人間の女との関係を語るものになっている。これに対して、右のDの話には女が登場しておらず、雄略天皇・大物主神（大蛇）・蜾蠃の三者が登場するだけである。そのこともまた、Dの話を「三輪山説話」に含めない理由の一つになっていると思われる。

C・Dの二話のストーリー展開は、それぞれどのようになっているのか。そのことを確認するために、いくつかの項を立てて二話の内容を対照してみる。＊＊

	C	D
1	神と女とが結婚する。	……
2	女が神の姿を見たいと願う。	天皇が神の姿を見たいと願う。
3	小蛇となった神が姿を現す（女が見て、驚き叫ぶ）。	大蛇となった神が姿を現す（天皇が目を覆い、見ようとしない）。
4	女の行為に怒った神が猛威を示す。	天皇の行為に怒った神が猛威を示す。
5	神が三輪山に帰る。	神を三輪山に帰す。
6	女が箸で陰部を衝いて死ぬ。	……

＊「少子部」とは宮廷で使う子供たちを管理することに由来する姓であり、「蜾蠃」とは地中に穴を掘って子を育てる地蜂に由来する名である。「少子部」は「小子部」とも書かれる。

＊＊項を立てる順序は両話のストーリー展開に従うこととし、恣意的にその順序を変えることはしない。

7　神と人とが交替で墓を作る。
8　墓を「箸墓」と名付ける。

7　……
8　蜾蠃を「雷」と名付ける。

これを見ると、全体を構成する字数がDの話の二倍ほどに及ぶCの話には、当然のことながらDの話よりも多くの項があること、逆に言えば、Cの話の1・6・7に対応する三項がDの話に含まれていないことがわかる。しかし、各項の内容が互いに対応しているだけでなく、各項の出現する順序もまた一致していて、二話の間に何らかの系譜的な関係あるいは直接的な影響関係のあったことを想定させる。

実は、C・Dの二話のストーリー展開とその内容とがさらに密接であることを証明しうる、右とは別の分析のしかたがある。それは、二話を構成する各項の表現を実際に比較してみる、という方法である。ここでは、訓読文の全体を九項に分けたうえで、二話の表現の分析を試みる。

まず、神の姿を見たいという願望を人が表明する表現は、言うまでもなく互いによく似たものになっている。

1C「明旦《くるつあした》に、仰ぎて美麗《うるは》しき威儀《みすがた》を観《み》たてまつらむと欲《おも》ふ」
D「朕《われ》、三諸岳《みもろのをか》の神の形《すがた》を見むと欲《おも》ふ」

しかも、これらの文はどちらも単独では現れておらず、それぞれが、

2C「願はくは、暫《しま》し留りたまへ」
D「自《みづか》ら行きて捉《とら》へて来《まゐこ》」

という命令文を伴なっている。
続いて、神の姿を見たいとの願望をかなえようという意志も、よく似たかたちで表明される。

3C「吾、明旦《くるつあした》に汝《いまし》が櫛笥《くしげ》に入りて居らむ」
D「試《こころみ》に往《まか》りて捉へむ」

これらの発言のあとに、大物主神が実際にその蛇体を現す場面がくる。ただし、大物主神は、一方では「小蛇《こをろち》」として櫛笥のなかに現れ、他方では「大蛇《をろち》」として天皇の前に現れるから、両者は正反対の関係にある。

4C「明くるを待ちて櫛笥を見れば、遂に美麗しき小蛇《こをろち》有り」
D「大蛇《をろち》を捉へて、天皇に示《み》せ奉《まつ》る」

語りのありかたを考えるうえで注意すべきことが、4Cの表現に含まれている。それは、神である小蛇が、妻の櫛笥《くしげ》のなかに入っていたという説明である。櫛笥という入れ物は、女性が装飾品を入れておく容器として、奈良時代の歌にも散文にも頻繁に出てくる。その櫛笥のなかに、夫である小蛇が入っていたというのは、夫婦の間の親密さを端的に示すものである。

しかし、そのことと、すぐあとに夫婦が決定的な離別を迎えることとは状況の落差があまりにも大きく、また話の展開をひどく急なものにもしている。その落差の大きさと話の急な展開とは、話の語り手が明確に意識して設定したものに違いない。

神の怒りと妻の死

次に、神が蛇体を現した時に、人が神に対して、

5C「則ち驚き叫啼《さけ》ぶ」

D「天皇、斎戒《ものいみ》したまはず」

という無礼な行動に出たことが語られる。Cの話では、神が与えた「願はくは、吾が形にな驚きましそ」（訓読文）という禁を破り、人が驚きの声を上げた。また、Dの話では、神にまみえる前には斎戒沐浴《さいかいもくよく》しなければならないのに、人がそれを行わなかった。どちらも神に対する冒瀆《ぼうとく》だと言える。*

そのような冒瀆に対して、神は怒りのことばを発し、また怒りの表情をあらわにする。

6C「汝、忍びずして吾に羞《はぢみ》せつ。吾、還《かへ》りて汝に羞せむ」

D「その雷《かみ》、虺虺《ひかりひろめ》きて、目精《まなこ》赫《かかや》く」

ここで神が発した、6Cの怒りのことばは理解しやすいが、Dの話の「虺虺《ひかりひろめ》きて」は意味がわかりにくい。「虺虺《きき》」は雷鳴を表す古い漢語であり、それに付された「ひかりひろめく」という訓の「ひろめく」は、古い写本に「ひらめく」ともある。どちらの訓も、「ひらひら動く」という雷光の様子を表す動詞である。漢語の意味は聴覚的なものであるのに、それに付された訓の意味は視覚的なものになっている、というずれがある。

*驚いて叫び声を上げたのは過剰な行為であり、事前に身を清めなかったのは行為の怠りだから、互いに正反対の関係にある。

「虺虺」に続く「目精赫《まなこかかや》く」は、「目をぎらぎらさせる」「目を赤く光らせる」などの意の表現である。蛇神でも雷神でもある大物主神ゆえの、恐るべき霊威を発揮した光景である。目の動きや目の状態を具体的に述べるのが、古代人が蛇の様子を描写する際の常道である。

神の怒りを受けたあとで、人がとった一方の行動は自分のしたことを悔いてのそれであり、他方の行動は神を恐れてのそれである。また、一方の人は、小蛇になった神の姿や御諸山へ帰って行く神の姿を仰ぎ見、その場に尻餅を突いたのに対し、他方の人は大蛇である神を見ようとはせず、目を覆って殿の中に隠れた。

7C「倭迹迹姫命、仰ぎ見て、悔いて急《つ》き居《う》。則ち箸に陰《ほと》を撞《つ》きて薨《かむさ》りましぬ」
D「天皇、畏《かしこ》みたまひて、目を蔽《おほ》ひて見たまはずして、殿中《おほとの》に却《か》入《く》れたまひぬ」

こうして、二人は結局その場を去ってしまった。一方は他界へ赴き、他方は殿の中に姿を消した。そして、

8C「大虚《おほぞら》を践《ほ》みて、御諸山《みもろのやま》に登ります」
D「岳に放たしめたまふ」

という表現で、どちらも神が自分の本拠地である三輪山へ帰ったことが述べられる。この8の項で、Cの話の訓読文に「大虚《おほぞら》を践《ほ》みて…」とあるのは、右でも述べたように、蛇神が同時に雷神でもあるという、大物主神の行動を描写したものである。妻の倭迹迹姫命は、その大物主神の様子を、地上にいて「仰ぎ見」るしかなかった。

最後に置かれているのは、申し合わせたかのように、

9C「時の人、其の墓を號《なづ》けて、箸墓《はしはか》と謂《い》ふ」

D「改めて名を賜ひて雷《いかづち》とす」

という、場所・人に対する名付けの話である。

二話の間の相違点

以上のように、C・Dの二話は、その内容・構成だけでなく、1~9の各項がもつ具体的な表現においても、互いに酷似したものになっている。やはり、二話は同じ話をもとにして作られたか、一方を下敷きにして他方が作られたか、のどちらかだろう。Cの話が「三輪山説話」である

ことには疑問の余地がないから、全体の構成とその内容とから見れば、Dの話もまた同説話に属するものと認めてよいと考える。

C・Dの二話は、人が神の姿を見たいと願うところから話が始まるという点で、互いに似ている。しかし、右で見たように、二話にさらに細かい分析を加えることによって、実はそれらが全体的にかつ深いところで密接に対応していることがわかる。こうした例は、ほかの二話の場合にも少なからずある。

ただし、複数の話の間にある類似点だけを見ていては不十分である。それらの間にある相違点も、同時に確認しておく必要がある。

では、Cの話とDの話との間には、どのような相違点が認められるのか。まず、Cの話の内部を細かく分析すると、夫の大物主神と妻の倭迹迹姫命との間には、およそ次のような対応項あるいは対立項のあることが確認できる。

i　神／人

ii　夫／妻

iii　応える／願う

iv　禁を与える／禁を犯す

v　「美麗《うるは》しき小蛇《こをろち》」の姿を現す／「美麗しき威儀《みすがた》」を期待する

vi　恥じる／悔いる
vii　足で踏みつける／尻餅を突く
viii　天空／地上
ix　もとの地に帰る／他界へ赴く

これは、話の成立に関与した人物あるいは話の語り手が、大物主神と倭迹迹姫命とが対比的な関係にあることを強く意識していた、その結果だろう。

一方、Cの話と同系統だと考えられるDの話の場合、重要な登場者である大物主神と雄略天皇との間には、右のi〜ixにあげたような対比的な関係がほとんど見られない。無理に対比的な点を指摘しようとしても、それが可能なのはせいぜい一項か二項にとどまる。その理由は、Cの話よりもDの話がずっと短いからだということもあるが、Dの話の語り手がもともと神と天皇との対比的な関係を意識することなく話を構成したからなのだろう。

また、Cの話と比較すると、右で見たように、Dの話は確かに内容・構成の面でCの話と対応する点が多い。しかし、Cの話に対応する項がいくつかDの話にないことや、i〜ixのような対比的な関係がDの話に含まれていないことなどを考慮すれば、Dの話は成立・素材の面でかなり単純で素朴なものだ、との印象を受ける。

蛇神の姿を見た女

C・Dの二話の相違点に関して、序章で見たこととの関連で忘れてならないことがある。Cの話でもDの話でも、人間が蛇神の姿を見ることを願うのだが、小蛇の姿を直接に見た倭迹迹姫命が結局は死んでしまったのに対し、目を覆って大蛇の姿を見なかった雄略天皇は死ななかった。そのように二人が生死を分けたことは、蛇神の姿を見た者は死ぬのだという、序章に引用した『常陸国風土記』の「夜刀の神」に関する記述を、我々に想起させる。

Dの話の場合、ほかならぬ天皇が蛇神の姿を見て死んだと語るわけにはいかなかった、という一般的かつ政治的な事情も確かにあるだろう。しかし、大物主神の姿を見た倭迹迹姫命が死ぬのに対し、目を覆ってそれを見ようとしなかった雄略天皇は死なないというのは、蛇神の姿を見た者は死ぬのだという記述のありかたに、結果的に一致することは確かである。*

蛇神の姿を見た者は死ぬのだという考えが、地域的にまた時代的にどの程度の広がりをもつものだったのかは、資料がなくて不明である。しかし、C・Dの二話が成立した背景にそうした人々の考えがあった、という可能性は否定できない。その可能性に沿ってCの話を見直すと、夫が与えた「私の姿を見ても、決して驚かないでほしい」という禁を妻が犯そうが犯すまいが、とにかく櫛笥のなかに入っていた小蛇を妻が見たと語り手が述べた時点で、妻が何らかの原因で死ぬことがストーリー展開のうえで決定づけられたのだ、ということになる。

＊Dの話では、大蛇を捉まえて来た蜾蠃は死なない。それは、この男が天皇に「膂力《ちから》人に過ぎたり」（訓読文）と評されるほどの勇猛な人物だったからだろう。

第三章　刀剣でもあり雷でもある蛇神

イメージの重なり

蛇の姿を見た者はその一族・子孫が死に絶えてしまうという話や、ある釼《つるぎ》を買い取った者の一族が滅亡してしまったという話を、序章に引用した。そして、当時の人々の脳裏では、蛇と同様に刀剣にもまた不気味で恐ろしいイメージがまとわりついていた、と述べた。また、「八俣《やまた》の大蛇《をろち》」〔記〕が斬り殺された時に一つの尾から「草那芸之大刀《くさなぎのたち》」つまり「草薙劔《くさなぎのつるぎ》」が出て来た、と神話のなかで語られているのは、蛇と刀剣とがイメージのうえで密接に重なっていたからだ、とも序章で述べた。さらには、前章で「箸墓伝説」を扱った時に、大物主神が「大虚《おほぞら》を践《ほ》みて」（訓読文）御諸山《みもろのやま》に帰って行ったと語られていることについて、雷神でもある蛇神が天空で雷鳴を発したことに基づく表現だと説明したように、蛇と雷との二つのものもまた、人々のイメージのうえで重なっていた。

おそらく、細く長く伸びていて光を放ち、しかも強烈な威力をもつものだと感じさせる点で、蛇・

刀剣・雷の三者は密接につながっていたのだろう。奈良時代の話のなかでそれらが入れ替わりやすく交錯しやすかったのは、そうした三者間のつながりによると考えられる。

この章では、蛇・刀剣・雷の三者が伝承のなかでどのように関わっているのか、ということをさらに具体的に見ていくことにする。

最初に取り上げるのは、垂仁《すいにん》天皇の代に起こったという謀反計画をめぐる話である。『古事記』にも『日本書紀』にも出ている話だが、次には『古事記』の記述をあげる。

A　天皇が沙本毘売《さほびめ》を皇后にしておられた時、皇后の兄である沙本毘古王《さほびこのみこ》が妹に尋ねて、「夫と兄とどちらが愛《いと》しいと思いますか」と言った。皇后は「兄さんを愛しく思います」とお答えになった。すると、兄は「あなたが本当に私を愛しいと思うなら、私とあなたとで天下を治めましょう」と言って、紐の付いた、何度も鍛《きた》えた小刀を作って皇后に授け、「この小刀で、天皇がお休みのところを刺し殺しなさい」と言った。

ある日、天皇がその謀反計画を知らずに、皇后の膝《ひざ》を枕にしてお休みになっていた。その時に、皇后は紐の付いた小刀で天皇の頸《くび》を刺そうとし、三度までそれを振り上げたが、哀《かな》しい心に耐えられず、頸を刺すことができなかった。そして、泣く涙を天皇の御顔に多く落としてしまった。天皇は、はっと目覚め、皇后に「私は奇妙な夢を見た。沙本《さほ》の方から暴雨《はやさめ》が降ってきて、急に私の顔を濡《ぬ》らした。また、錦色《にしきいろ》をした小さい蛇が私の頸にまとわりついた。こうした夢は、何の前兆なのだろうか」とお尋ねになった。

（この天皇、沙本毘売《さほびめ》を后《きさき》としたまひし時、沙本毘売命《さほびめのみこと》の兄沙本毘古王《さほびこのみこ》、その同母妹《いろも》に問ひて曰《い》ひけらく、「夫と兄と孰《いづ》れか愛《は》しき」といへば、「兄ぞ愛しき」と答へたまひき。ここに沙本毘古王、謀りて曰ひけらく、「汝《いまし》、寔《まこと》に我を愛しと思はば、吾と汝と天の下知らさむ」といひて、すなはち八塩《やしほを》折りの紐小刀を作りて、その妹に授けて曰ひけらく、「この小刀をもちて、天皇の寝たまふを刺し殺せ」といひき。

故《かれ》、天皇、その謀《はかりごと》を知らしめさずて、その后の御膝を枕《ま》きて、御寝《みね》しましき。ここにその后、紐小刀をもちて、その天皇の御頸を刺さむとして、三度挙《ふ》りたまひしかども、哀しき情《こころ》に忍びずて、頸を刺すこと能《あた》はずして、泣く涙御面に落ち溢《あふ》れき。すなはち天皇、驚き起きたまひて、その后に問ひて曰りたまひしく、「吾は異《け》しき夢見つ。沙本の方より暴雨《はやさめ》零《ふ》り来て、急《には》かに吾が面に沾《そそ》きつ。また錦色の小さき蛇、我が頸に纏繞《まつは》りつ。かくの夢は、これ何の表《しるし》にかあらむ」とのりたまひき。）

〔垂仁記〕

皇后である沙本毘売命《さほびめのみこと》に、その兄である沙本毘古王《さほびこのみこ》が、夫と兄とではどちらが愛《いと》しいかを尋ねた。皇后が、兄を愛しく思っていることを伝えると、兄は小刀を用意して妹に与え、天皇を刺し殺すように命じた。『日本書紀』の記述を見ると、兄は次のように述べて妹を説得したという。

B　そもそも容貌の良さをもって人に仕えるというのは、容貌が衰えてから寵愛がなくなるということです。今、世の中には容姿の優れた女が多くいます。それぞれが積極的に、寵愛を得ることを望んでいます。しかし、どうしていつまでも容貌に頼っていることなどできましょう。それで、私が皇位に即《つ》けば、きっとあなたと一緒に天下を治めることになるでしょう。枕を高くして百年を過ごすことが快くないはずはありません。どうか、私のために天皇を亡き者にして下さい。

(夫《そ》れ、色《かほ》を以て人に事《つか》ふるは、色衰へて寵緩《めぐみや》む。今天下に佳人多《かほよきをみなさは》なり。各《おのおの》遞《たが》ひに進みて、寵《めぐまれむこと》を求む。豈《あに》永《ひたぶる》に色を恃《たの》むこと得むや。是《ここ》を以て冀《ねが》はくは、吾鴻祚登《あまつひつぎし》らさば、必ず汝と天下に照臨《てらしのぞ》まむ。則ち枕を高くして永に百年《ももとせ》を終へむこと、亦《また》快からざらむや。願はくは、我が為に天皇を殺しまつれ。)

兄の言い分をわかりやすく言い直せば、「皇后の地位も、その容姿が衰えれば安泰ではない。容姿の優れた女は世の中に多くいるからだ。しかし、兄である私は、皇后に対する愛情が薄れることはない。二人で天下を治めようと思う。だから、天皇の命を奪え」ということになる。

兄にこう命じられた皇后だったが、ある時に自分の膝を枕にして寝ている天皇の頸《くび》に、振り上げた小刀を突き刺そうとしたものの、どうしてもそれができなかった。そして、思わず天皇の顔に涙を落としてしまった。はっと目を覚ました天皇は、「沙本《さほ》の方から強い雨が降って来て私の顔を濡らし、また錦《にしき》の小蛇が私の首に巻き付く、という奇妙な夢を見た。何の前兆だろう」と皇后に語った、という。

このすぐあとに、皇后が兄との謀反計画を細かく天皇に白状し、兄から授かった小刀で自分が天皇の頸《くび》を刺せなかったことや、天皇の顔に涙を落としてしまったことなどを、正直に告白する。そして、そのような状況が天皇の夢となって表れたのだろう、という推測を述べる。

謀反計画を皇后が天皇に白状したことによって、状況はただちに緊迫する。天皇はすぐに兵士を動員して沙本毘古を討伐しようとしたが、なぜか皇后は沙本毘古の逃げ込んだ稲城《いなき》のなかに入ってしまった。天皇の子が誕生したことを告げて、その子を育ててほしいと言った。天皇は稲城を攻めるのを躊躇《ちゅうちょ》している間に、皇后は赤ん坊を稲城の外に置き、天皇は赤ん坊を引き取る時に皇后も一緒に引っ張って連れ帰るように、兵士らに命じた。しかし、兵士らは赤ん坊を引き取って来ただけで、皇后を連れ戻すことはできなかった。そのあとで、天皇が沙本毘古を殺したところ、皇后も兄に従って死んだ、という。

小刀を象徴する小蛇

天皇が夢のなかで経験した、沙本の方から降って来た暴雨が顔を濡らし、錦色の小さい蛇が頸にまとわりつく、という事態について、皇后自身が天皇に細かく事情を説明した。皇后は、「必ずこの表《しるし》にあらむ」（訓読文）つまり「きっとその状況が夢に表れたのでしょう」と述べている。

しかし、『日本書紀』の記述はもっと具体的かつ直截《ちょくせつ》で、皇后は夢の内容を次のように分析的に説明している。

C　錦色の小蛇は、つまりは兄が私に授けた小刀です。大雨が急に降って来たというのは、つまりは私の涙です。

（錦色《にしき》なる小蛇《こをろち》は、妾《やつこ》に授けたる匕首《ひもかたな》なり。大雨《ひさめ》の忽《たちまち》に発《ふ》るは、妾が眼涙《なみだ》なり。）〔垂仁紀〕

小蛇は小刀であり、大雨は自分の涙だという、「…なり」を用いた断定である。蛇と刀剣との関係は明らかである。

こうしたことを考慮すると、さきにも述べたように、「八俣の大蛇《やまたをろち》」の一つの尾から「草薙劔《くさなぎのつるぎ》」が出て来たという話は、やはり大蛇が剣に生まれ変わったことを意味する、と理解してよい。

また、ある劔を丸部具《わにべのそなう》という男が買い取ったところ、そのあとで男の一族が滅亡してしまった、という『播磨国風土記』の話を序章に引用した。この話の直後には、剣と蛇との密接な関係を示す、次のような話が続いている。

D　こういうことがあった後、苫編部《とまみべ》の犬猪《いぬい》という人物が、その場所の跡地に田を作ろうとしたところ、土の中にこの劔があるのを発見した。土から一尺ほど離れた所に、この劔があった。その柄《え》は朽ちてなくなっていたが、刃は銹《さ》びておらず、よく光って明鏡のようだった。そこで、犬猪は心の中で変だと思って、劔を持って家に帰り、鍛冶屋《かじや》を呼んでその刃を焼き直させようとした。すると、その劔は伸びたり縮んだりして、まるで蛇のようだった。鍛冶屋はひどく驚き、劔を焼き直すのを止めた。犬猪は不思議な劔だと思って、それを朝廷に献上した。浄御原《きよみはら》の天皇（天武天皇）の甲申《きのえさる》の年の七月に、曽祢連麿《そねのむらじまろ》を派遣して、劔がもとあった場所に返して置いた。今も、それはこの里の屯倉《みやけ》に安置してある。

（然《しか》して後、苫編部《とまみべ》の犬猪《いぬゐ》、彼の地の墟《あと》を圃《たつくり》するに、土の中に此の劔を得たり。土と相去《あひ》ること一尺ばかりなり。其の柄は朽ち失せけれど、其の刃は渋《さ》びず、光、明らけき鏡の如し。ここに犬猪、即ち心に怪《あや》しと懐《おも》ひ、劔を取りて家に帰り、仍《すなは》ち鍛人《かぬち》を招《よ》びて、其の刃を焼かしめき。その時、此《こ》の劔、伸屈《のびかがみ》して蛇の如し。鍛人、大きに驚き、営《つく》らずして止みぬ。ここに犬猪、異《あや》しき劔と以為《おも》ひて、朝庭《みかど》に献りき。浄御《きよみ》原《はら》の朝庭《みかど》の甲申《きのえさる》の年の七月、曽祢連麿《そねのむらじまろ》を遣《や》りて、本つ処《ところ》に返し送らしめき。今に、此の里の御宅《みやけ》に安置《お》けり。）〔讃容郡〕

丸部具の一族を滅亡させた劔が、家の跡地から出て来た。劔を見つけた犬猪《いぬい》という男は、柄《え》が朽ちているのに刃が光っている様子を見て、奇異なことだと思い、鍛冶屋《かじや》に焼き直しをさせようとした。しかし、劔が伸びたり縮んだりして蛇のように動いたので、鍛冶屋は焼き直すのを止めた。犬猪は、不思議な劔だとしてそれを朝廷に献上した。あとになって、人を派遣して劔をもとあった場所に返させた、という話である。

厳密に言えば、訓読文の「此《こ》の剣、伸屈《のびかがみ》して蛇の如し」という表現は単なる比喩《ひゆ》である。しかし、「八俣の大蛇」の尾から出て来た「草薙劒」について、訓読文に「異《あや》しき物と思ほして、天照大御神《あまてらすおほみかみ》に白《まを》し上げたまひき」と説明してあるのと同様に、右のDの話についても「異《あや》しき剣と以為《おも》ひて、朝庭《みかど》に献《たてまつ》りき」と説明されている。このように、両者に同じような説明が付されているのは、当時の人々のイメージのうえで蛇と刀剣とが密接に重なっていたからだ、と見てよい。蛇と同様に剣もまた人間に害毒をもたらすのである。

土の中から剣を掘り出した人物には、「苫編部《とまみべ》の犬猪《いぬゐ》」という名が与えられている。この「犬猪」もまた、説話的な背景を担う名だろう。犬にしても猪にしても、その鋭い嗅覚によって土中にある物を掘り出す習性をもつことは、広く知られている。ただし、「苫編部《とまみべ》」という姓については、説話的なものなのかどうか、残念ながら分析しえない。*

急に成長する子

蛇と刀剣とのイメージ上の重なりに続いて、次に確認するのは蛇と雷との重なりである。これら二つのものが強く結び付いていたことを、同じく話を読みながら確認していく。

『常陸国風土記』の那賀郡の条に、「哺時《くれ》臥《ふし》山」という名の山にまつわる古い伝承が見える。やや長い話になっているので、とりあえずはその前半部を見てみる。

E1　古老が言うには、「かつて兄と妹の二人が住んでいた。兄の名前は努賀毗古《ぬかびこ》、妹の名は努賀毗咩《ぬかびめ》と言った。ある日、妹が家にいる時に一人の男が現れたが、その姓名はわからなかった。男は常にやって来て女と一緒にいるようになったが、夜に来て昼には帰って行った。二人は遂に夫婦になり、女は一夜で懐妊した。子が産まれる月になって、女は小さい蛇を産んだ。その子は日中は物を言わず、夜になると母と会話をした。母と伯父《おじ》は子の様子に驚き怪しんで、心の中でこれは神の子だろうと思い、その子を清らかな杯《つき》に入れ、台を設けてそこに安置した。子は一夜で杯に満ちるほど急速に成長した。広く平らな器に入れ直しても、子の体はすぐそれに満ちた。こういうことが三度、四度あって、入れておく大きい器を用意することができなくなった」。

（古老の云へらく、兄と妹と二人ありき。兄の名は努賀毗古《ぬかびこ》、妹の名は努賀毗咩《ぬかびめ》といふ。時に妹、室《むろ》にありしに、人あり、姓名《かばねな》を知らず、常に就《き》て求婚《よば》ひ、夜来《きた》りて昼去《かへ》りぬ。遂に夫婦と成りて、一夕《ひとよ》に懐妊《はら》めり。産むべき月に至りて、終《つひ》に小さき蛇を生めり。明くれば言《こと》とはぬが若《ごと》く、闇《く》るれば母と語る。是《ここ》に、母

＊「丸部具《わにべのそなふ》」の「丸《わに》」は、土や粘土の産地である「和珥」（記）に由来するものであり、説話的な姓だろうが、名の「具《そなふ》」についてはそのように断定することができない。あるいは、良質の粘土が多くあるという意味の「具ふ」か。

と伯《えをぢ》と、驚き奇《あや》しみ、心に神の子ならむと挟《おも》ひ、即ち浄《きよ》き杯《つき》に盛りて、壇《うてな》を設けて安置《お》けり。一夜の間に、已《すで》に杯の中に満ちぬ。更《また》、瓫《ひらか》に易《か》へて置けば、瓫の内に満ちぬ。此《か》かること三四《みたびよたび》して、器を用ゐあへず。)

夜に来て昼には帰って行く男と、努賀毗咩《ぬかびめ》という女との間に、蛇の子が生まれた。この子は、日中は物を言わなかったが、夜には母と会話をした。あまりにも急速に成長し続けるこの子の母親と伯父は、これは神の子だろうと思って、子を清らかな器に入れ、それを台の上に安置した。しかし、子はますます大きくなり続けたので、入れておく器を何度か大きいものに替えた。しかし、子はその後も大きくなり続けたので、結局は器が用意できなくなった、という。

これが話の前半部だが、通って来た男と努賀毗咩《ぬかびめ》との間に生まれた子が小蛇であること、この子の成長があまりにも急速であること、そして、この子が日中は物を言わず日が暮れると母と会話をしたことなどは、確かにこれが神の子であることを示している。

前章で述べたように、神は夜に活動するものだと考えられていた。この子は夜にだけ母と話をしたというのだから、幼くして神としての性質をはっきりと表していたわけである。

平安時代の文献に「蛇のもぬけ」「蝉《せみ》のもぬけ」などの表現があり、また「もぬく」という動詞が使われている。これらのことを考え合わせると、兄妹に与えられている「努賀毗古《ぬかびこ》」「努賀毗咩《ぬかびめ》」という名は、蛇の脱皮を表す「脱《ぬ》か彦」「脱《ぬ》か姫」の意で、説話的な背景を担うものだろう。前章でも言及したように、蛇の脱皮を表すと考えられる語としては、「箸墓伝説」に出てくる「倭迹迹日百襲姫命《やまとととびももそひめのみこと》」という名の「百襲《ももそ》」がある。それは「多くの着衣」の意の「百衣《ももそ》」であり、何度も脱皮することを表すと推定される。また、第一章で「丹塗矢伝説」について説明したように、特定の登場者に与えられた名が、家族の別の一員がもつ特性を反映することは、古い伝承に例が多い。

文法の話になるが、古典語の「脱け《ぬ》」は下二段活用の動詞である。同じ活用の「荒れ」「枯れ」「群れ」などの動詞が、奈良時代では「荒ら――」「枯ら――」「群ら――」という形をとって「荒垣《あらがき》」「枯木《からき》」「群鳥《むらどり》」などの複合名詞を構成している。こうした例はまだ多くあり、「脱け」が「脱か――」となって複合名詞を構成しているのに同じである。

しかも、名の「脱か――」は、生まれた子の体がどんどん大きくなったので、子を入れておく器を何度か取り替えた、という説明と対応している。つまり、蛇として生まれた子のために何度か器をより大きいものに取り替えたことは、蛇が成長に応じて脱皮をくり返したことを暗示しており、それは「脱か――」という名と吻合《ふんごう》する、と言えるだろう。

天に昇ろうとする子

E_1の話に続く後半部は、新たな大きい器を用意することができなくなった母が、父のいる所へ一人で行くように子に勧めた時に、子は雷神として恐るべき霊威を示したという話である。

E₂　母が子に告げて、「あなたの器量から判断すると、神の子であることが自然にわかります。我が一族の財力では、もう養育することができません。父がいる所へ行って下さい。ここにいてはいけません」と言った。すると、子は悲しみ、顔の涙を拭《ぬぐ》って、「謹《つつし》んでお母さんの言うことを承りました。あえて拒むことはしません。しかし、一人ですから、一緒に行ってくれる人はいません。どうか、哀れんで一人の従者を添えてください」と答えた。母は、「我が家には母と伯父しかいません。それもまた、あなたがよく知っていることです。誰かがついて行くことはできません」と言った。すると、子は恨みに思って物を言わなかった。

別れる時になって、子は怒りに耐えずに伯父を震り殺して天に昇ろうとした。その時に、母が驚いて盆を手に取って子に投げ当てたので、子は天に昇ることができなかった。それで、この峯に留まった。子を入れていた瓮《ひらか》と盆は、いまも片岡村にある。子の子孫は社を建てて祖先を祭り、代々それを受け継いでいる。

（母、子に告げていへらく、「汝《いまし》が器宇《うつはもの》を量《はか》るに、自《おのづか》ら神の子なることを知りぬ。我が属《やから》の勢は、養長《ひだ》すべからず。父の在《いま》すところに従《ゆ》きね。此《ここ》にあるべからず」といへり。時に、子哀しみ泣き、面《おもて》を拭《のご》ひて答へけらく、「謹しみて母の命《みこと》を承りぬ。敢へて辞《いな》ぶるところなし。然れども、一身《みひとつ》の独去《ひとりゆ》きて、人の共に去くものなし。望請《ねが》はくは、矜《あはれ》みて一《ひとり》の小子《わらは》を副《そ》へたまへ」といへり。母のいへらく、「我が家にあるところは、母と伯父とのみなり。是《こ》も亦、汝が明らかに知るところなり。人の相従《あひ》ふべきもの無けむ」。爰《ここ》に子、恨みを含みて事吐《ものい》はず。決別《わか》るる時に臨みて、怒怨《いか》りに勝《た》へず、伯父を震殺《ふりころ》して天に昇らむとする時に、母驚動《おど》きて、盆を取りて投げ触《あ》てければ、子え昇らず。因《よ》りて、此の峯に留りき。盛りし瓮《ひらか》と甕《みか》とは、今も片岡の村にあり。其《そ》の子孫、社を立てて祭りを致し、相続《つ》ぎて絶えず。)

父のいる所へ行くように母が子に勧めると、子は素直にそれを聞いていたが、誰か従者を添えてくれることを母に要求した。母がそれを断ると、子は恨みに思って、伯父を「震殺《ふりころ》して」(訓読文)天に昇って行こうとした。その時に、母が盆を手に取って子に投げ当てたために、子は天に昇ることができなかった、という。

子が天に昇る時に、伯父を「震殺《ふりころ》して」昇って行こうとしたというのは、落雷させたか地震を起こしたかのどちらかだろうが、具体的にはよくわからない。また、母の投げた盆が当たったために子は天に昇ることができなかったというが、それがどのようなことを喩えたものか、不明である。しかし、蛇として生まれた子が父のいる所へ行くために昇天しようとしたのは、天空にいる雷が父だからである。ある解説書では、この話に「蛇神と雷神との結びつきを暗示する説話である」という説明を付している。

たとえ人間の女が産んだ子ではあっても、神としての習性を強くもつ子を人間が育て上げるのはきわめて困難だということも、この話では語られているようである。それは、「箸墓伝説」の内容が、神と人間の女との結婚がもともと無理な結び付きであること、そして結局は両者が離別に至ることを示している、と考えられるのと同様である。

蛇と一緒に生まれた子

雷神が人間に授けてくれた子が、頭に蛇が巻き付いた状態で生まれて来た、という話がある。やはり雷と蛇とのイメージ上の重なりを示すもので、仏教説話集である『日本霊異記』（九世紀初めに成立）に見える話である。

全体は長い物語になっているのだが、雷と蛇との関係が表れている部分は、物語の主人公が雷神と対面し会話するまでの経緯と、雷神の授けた子が実際に誕生した時点のことを語る、その二箇所だけである。

F　敏達《びだつ》天皇の御世のこと、尾張国の阿育知郡《あゆちのこおり》の片蕝《かたわ》の里に、一人の農夫が住んでいた。田を作って水を引く時に、小雨が降ってきたので、農夫は木の下に隠れ、鉄の杖《つえ》を突き立てていた。その時に、雷が鳴った。農夫は恐れ驚き、鉄の杖を高く掲げて立った。すると、雷が農夫の前に落ちてきて、小さい子の姿になったので、農夫が鉄の杖でそれを突こうとすると、雷が「私を殺してはなりません。私は、あなたの恩に報います」と言った。農夫が、「どのようにして報いるのか」と尋ねると、雷は「あなたのために、あなたの妻に子を孕《はら》ませて報いましょう。ですから、私のために楠《くすのき》の水槽を作り、それに水を入れ、竹の葉を浮かべて下さい」と言った。そこで、農夫は言われたとおりの物を作って雷に与えた。雷は、「近寄らないで下さい」と言って、農夫を遠く離れさせた。そして、その辺りを曇らせて天に登って行ってしまった。そのあとに生まれて来た農夫の子の頭には、蛇が二周《まわ》り巻き付いており、その頭と尾が体の後ろに垂れていた。

（敏達《びだつ》天皇の御世に、尾張国の阿育知郡《あゆちのこほり》の片蕝《かたわ》の里に、一《ひとり》の農夫ありき。作田《つくりだ》に水を引く時に、少細降雨《こさめふ》るが故に、木の本に隠れ、金の杖《つゑ》を椝《つ》きて立てり。時に、電《いかづち》鳴りき。即ち恐《おそ》り驚き、金の杖を擎《ささ》げて立てり。即ち電、彼の人の前に堕《お》ちて、小子《ちひさこ》と成る。其の人、金の杖を持ちて撞《つ》かむとするに、電の言はく、「我を害《そこな》ふこと莫《なか》れ。吾、汝の恩に報いむ」といふ。其の人問ひて、「汝、何をか報いむ」と言ふ。電、答へて言はく、「汝に寄せて、子を胎《はら》ましめて報いむ。故《かれ》、我が為に楠の船を作り、水を入れ、竹の葉を泛《うか》べて賜《たま》へ」といふ。即ち、電の言ひしが如くに作り備《ま》けて与へつ。時に、電言はく、「近依《よ》ること莫れ」といひて、遠く避《さ》らしむ。即ち愛《くも》り霧《き》らひて、天に登りぬ。然る後に産れし児《こ》の頭《かしら》は、蛇を二遍纏《ふためぐりまと》ひ、首尾《かしらを》を後に垂れて生《うま》る。）

〔上巻・三縁〕

雷が鳴った時に農夫が鉄の杖を掲げて立っていると、その前に雷が落ちて来て小さな子の姿になった。農夫が杖でそれを突こうとしたが、雷は「助けてくれたら恩に報いる」と言ったので、農夫は突くのを止めた。「妻に子を孕ませて報いる」と雷は約束したうえで、楠《くすのき》で水槽を作って水を入れ、それに竹の葉を浮かべるように要求した。農夫が言われたとおりにしてやったところ、雷は辺りを曇らせて天に昇って行った。あとで生まれて来た子の頭には、蛇が二周り巻き付いており、その首と尾が子の背後に垂れ下がっていた、という。

本文・訓読文の表記では、現代の「雷」にあたる箇所に「電」という字が用いられている。もともと「雷」は音を表し、「電」は光を表す、というような使い分けがあったようである。しかし、この話と同様に、二つの字が厳密に使い分けられていない文献も実際には多くある。

雷鳴が聞こえた時に農夫が杖を掲げて立ったというのは、現代人の常識から見れば危険きわまりない行為である。しかし、当時は避雷のつもりの行為だったらしく、ほかにも同じ状況で同じ行動をとった話の例がある。

子を孕《はら》ませて恩に報いることを、雷が農夫に約束した。その約束のとおりに、農夫の妻が子を産んだ。だから、雷は自分の子を農夫に授けたことになる。その子の頭に蛇が巻き付いていたと語られている点に、雷と蛇とのイメージ上の重なりが顕著に表れている。*

蛇として生まれた雷の子が父のいる天に昇って行こうとした、というのが前に見た話である。また、人間の姿で生まれた雷の子の頭に蛇が巻き付いていた、というのが右の話である。前者の話よりも後者の話のほうが、雷と蛇との関係をより明瞭に示している、と言える。雷の授けた子が蛇を頭に纏《まと》って生まれて来たという話では、雷と蛇とが一体化しているからである。

＊このあとの話の展開では、成長した雷の子は並外れた怪力の持ち主であり、力比べや鬼退治その他さまざまな活躍を見せる。

第四章 「三輪山伝説」の影響と蛇神・雷神

「鏡の渡」の男女

大物主神が登場する三話のうちで、奈良時代にも後世にも類話が多いのは、着衣に付けておいた糸・紐をたどって行くことによって、女のもとに通う男の正体・素性を知る、というタイプの話である。このタイプは、後世の話を対象とする分野では、一般に「苧環《おだまき》型」「蛇婿《へびむこ》入り型」と呼ばれている。

奈良時代の類話としては、『肥前《ひぜん》国風土記』に見える、「鏡の渡《わたり》」と「褶振《ひれふり》の峯」との二つの場所にまつわる話があり、同書にはその二話が並んで出ている。まず、「鏡の渡」にまつわる話をA_1として次にあげるが、この話には「苧環型」「蛇婿入り型」の要素が直接には表れておらず、それが表れているのはあとに置かれた「褶振の峯」の話である。だから、二話の関係を単純化して言えば、前者の話は後者の話の伏線としての意味をもつ、ということになる。

A[1]　鏡の渡《わたり》。郡の北にある。昔、檜隈《ひのくま》の廬入野《いおりの》の宮で天下をお治めになった武少広国押楯《たけおひろくにおしたて》の天皇（宣化天皇）の御世に、大伴《おおともの》狭《さ》手《で》彦連《ひこのむらじ》を派遣して、任那《みまな》国を鎮《しず》め、また百済《くだら》国を救わせられた。狭手彦は、命令を受けてやって来てこの村に着き、篠原の村の弟日姫子《おとひひめこ》と結婚した。弟日姫子は容貌が優れていて、特別に美しかった。二人が別れる時に、狭手彦は鏡を弟日姫子に与えた。弟日姫子が悲しみ泣きながら栗川《くりかわ》を渡った時に、もらった鏡に結び付けてあった緒《お》が切れ、鏡は川に沈んでしまった。このことがあって、ここを鏡の渡と名付けた。

（鏡の渡。郡の北にあり。昔者《むかし》、檜隈《ひのくま》の廬入野《いほりの》の宮に御宇《あめのしたしろ》しめしし武少広国押楯《たけをひろくにおしたて》の天皇のみ世、大伴《おほともの》狭《さ》手《で》彦連《ひこのむらじ》を遣りて、任那の国を鎮め、兼《また》百済の国を救はしめたまひき。命《みこと》を承りて到り来て、此の村に至り、即ち篠原の村の弟日姫子を娉《つまど》ひて、婚《まぐはひ》を成しき。容貌《かほ》美麗《きらきら》しく、特に人間《ひとのよ》に絶《すぐ》れたり。分別《わか》るる時、鏡を取りて婦《をみな》に与《おく》りき。婦、悲しみ啼《な》きつつ栗川を渡るに、与られし鏡の緒《を》絶《た》えて川に沈みき。因りて、鏡の渡と名づく。）〔松浦郡〕

朝鮮半島に派遣されることになった大伴《おおともの》狭《さ》手《で》彦《ひこ》は、肥前国《ひのみちのくち》の篠原村までやって来て、その地に住んでいる弟日姫子《おとひひめこ》と結婚した。これから朝鮮半島に渡るという時に、狭手彦は弟日姫子に鏡を与えた。狭手彦との別れを悲しんだ弟日姫子が泣きながら川を渡った時に、鏡に結び付けてあった紐が切れて、鏡は川に沈んでしまった。そのようなことがあったので、その地を「鏡の渡」と呼ぶことになった、という。特に奇妙な点も不思議な点も、この話には含まれていない。

二人が別れる前に狭手彦が弟日姫子に鏡を与えたというのは、鏡というものに対する当時の人々の考えが背景になっている。鏡にひとたび自分の姿を映せば、鏡のなかに自分の霊魂がそのまま籠もり続けると考えたので、男女が別れる時に一方が他方に鏡を贈るということが行われたのである。ただし、当時の鏡はきわめて貴重な道具であり、それを贈ることは身分のある人々の間でのみ行われたようである。

B　真十鏡《まそかがみ》　見ませ吾が背子《せこ》　吾が形見　持てらむ時に　会はざらめやも　〔十二・二九七八〕

（鏡を御覧なさい、あなた。私の形見としての鏡をあなたが持っている時に、私に会えないことなどありましょうか）

この『万葉集』の歌は、男と別れるにあたって女が男に贈ったものである。「吾が形見」として相手に贈った鏡に自分の霊魂が籠もっているので、その鏡を見れば相手は私に会えないはずがないし、二人の気持ちが通じないはずはない、というのである。やはり、鏡というものには、それに姿を映した者の霊魂をなかに籠める呪力が具わっている、という考えを背景として詠まれた歌である。

歌の「……めやも」という表現は、「……しないはずはないだろう」「きっと……するに違いない」という意味の、強い語気を伴う反語の言いまわしである。また、「形見」というのは、特定の人の「形《かた》」つまり姿や様子を偲《しの》ぶために「見る」もの、という意味の複合名詞である。この歌に詠み込まれた「形見」には、そうした原義がよく残っている。*

人身蛇頭の男

続いて、「褶振《ひれふり》の峯」にまつわる話を見てみる。「褶」というのは、女が首・肩に掛けて下に垂らした長い布のことである。

こちらの話は、「鏡の渡」の約二倍の長さに及ぶものであり、着衣に付けておいた糸・紐をたどって行って男の正体・素性を知るという、「苧環型」や「蛇婿入り型」の基本的な特徴をもっている。この話は、右にあげたA_1の話に続くものなので、A_2として次にあげる。

A_2 褶振《ひれふり》の峯。郡の東にある。大伴狭手彦連《おおとものさでひこのむらじ》が船で出立して任那に渡る時に、弟日姫子《おとひひめこ》がここに登り、(「戻って来て」と願って) 褶を振った。それで、ここを「褶振の峯」と呼ぶようになった。弟日姫子が狭手彦連と別れて五日が経ってから、一人の男が毎夜やって来て、彼女とともに寝て、夜明けがたに早く帰って行くようになった。男の身なりや姿は、狭手彦に似ていた。彼女は、そのことを奇妙に思い、じっとしていることができずに、紡いだ麻糸をその男の衣の裾にこっそり付けておき、あとで麻糸をたどって行ったところ、この峯の頂上にある沼のほとりに行き着いたが、そこには寝ている蛇がいた。身体は人で沼の底に沈み、頭部は蛇で沼の岸に臥《ふ》していた。たちまちに人間に変身してことばを発し（次のような歌を詠んだ）、

篠原の　弟姫の子そ　さ一夜も　率寝《ゐね》てむ時《しだ》や　家に下さむ

（篠原村の弟姫の子を、一夜だけでも共寝したら、家に帰すことになるのか）

その時に、弟日姫子の下女が、家に走り帰って親族に事情を告げたので、親族は大勢の人を連れて峯に登って見たが、蛇と弟日姫子とはどちらも姿がなくなっていた。それで、その沼の底を見ると、ただ人間の死骸だけがあった。皆が弟日女子の骨だと言って、この峯の南の側に墓を造って納めて置いた。その墓は現在もある。

（褶振の峯。郡の東にあり。大伴狭手彦連、発船《ふなだち》して任那に渡りし時、弟日姫子、此《ここ》に登りて、褶を用《も》ちて振り招《を》きき。因《よ》りて、褶振の峯と名づく。然《しか》して、弟日姫子、狭手彦連と相分《あひわか》れて五日を経し後《のち》、人あり、夜毎《ごと》に来て、婦《をみな》と共に寝《い》ね、暁《あかとき》に至《な》れば早く帰りぬ。容止形貌《かほかたち》は狭手彦に似たりき。婦、其を怪《あや》しと抱《おも》ひて、忍黙《もだ》えあらず、竊《ひそか》に績麻《うみを》を用ちて其の人の襴《すそ》に繋《か》け、麻の隨《まにま》に尋《と》め往《ゆ》きしに、此の峯の頭の沼の辺《ほとり》に到りて、寝ねたる蛇あり、身は人にして沼の底に沈み、頭《かしら》は蛇にして沼の脣《きし》に臥せりき。忽ち人と化為《な》りて、即ち語りていひしく、

＊「鏡」もまた「形見」と同じ構成をもつ複合名詞だが、そのことについてはあとで詳しく説明する。

篠原の　弟姫の子そ　さ一夜も　率寝《ゐね》てむ時《しだ》や　家に下さむ
時に弟日姫子の従女《とものめ》、走りて親族《かぞいろ》に告げしかば、親族、衆《もろびと》を発《いだ》して昇りて看《み》るに、蛇と弟日姫子と、並びに亡《う》せて存《あ》らず。ここに、其の沼の底を見るに、但《ただ》、人の屍《かばね》のみあり。各《おのもおのも》、弟日女子の骨なりと謂《い》ひて、即《やが》て此の峯の南に就《つ》きて、墓を造りて治め置きき。其の墓は見《いま》に在り。）

弟日姫子は峯に登り、狭手彦が戻って来ることを願いながら、遠く離れて行く船に向かって褶《ひれ》を振り続けた。そのことがあって、ここを「褶振の峯」と呼ぶようになった。

二人が別れて五日が経ってから、狭手彦によく似た男が弟日姫子のもとに通って来るようになった。弟日姫子は男の着衣の裾に「績麻《うみを》」（訓読文）つまり紡《つむ》いだ麻糸を付けておき、あとでそれをたどって行ったところ、麻糸は峯の頂上にある沼まで続いていた。その沼には蛇がおり、体は人間で頭は蛇という姿で、沼の岸に臥《ふ》していた。弟日姫子を見た蛇男は、すぐに人間の姿に変身して歌を詠んだ。

弟日姫子の下女が走って家に帰り、家族に事の次第を告げた。家族が沼のある所に来てみると、蛇男も弟日姫子も姿が見えなかったが、沼の底には人間の屍《かばね》があった。家族はそれを弟日姫子だとして、峯の南側に墓を造って納めた、という。

こちらのA_2の話にも、さきのA_1の話と同様に狭手彦と弟日姫子の二人が登場する。ここでも話を単純化して言えば、A_1の話のなかで結婚した二人がA_2の話のなかで離別するというのが、二話の内容的な関係である。それ以外には、二話の間にこれといった関係がなさそうに見える。

ただし、A_1の話とは異なって、A_2の話には、現代人から見て奇妙で不可解だと思われる点がいくつかある。それらをあげると、とりあえず四点になる。

i　狭手彦と弟日姫子とが別れて五日経ってから、狭手彦によく似た男が弟日姫子のもとへ通って来るようになったこと

ii　男の着衣の裾にこっそり付けておいた糸が、峯の頂上にある沼まで続いており、沼の岸には人身蛇頭の男が臥していたこと

iii　沼の岸にいた人身蛇頭の男が、自分のいる所へやって来た弟日姫子の姿を見て、すぐに人間の姿に変身したこと

iv　家族らが峯の頂上にある沼まで行ってみると、蛇男も弟日姫子も姿が見えず、沼の底に人間の屍だけがあったこと

このような奇妙な点を含むA_2の話の成立を、古い文献に反映するさまざまな考えかたを参照して、それなりに説明し推定することが可能である。

この話を読み解くヒントとして特に重要なのは、四点のうちのiである。しかも、このiが、一見して有機的な関連がないように思われるA_1とA_2とを深層で結び付けるものになっている。

A_1の話では、狭手彦が弟日姫子に鏡を与えたが、それに結び付けてあった紐が切れて鏡は現地

の川に沈んでしまった、と語られている。このことと、A2の話のなかで男が弟日姫子のもとに通って来るようになったと語られていることとは、直接的で深い関わりがある。そのことを理解するには、鏡という道具に対する当時の人々の考えかたを具体的に知らなければならない。

「鏡」という道具

鏡に関する次の記事が、神話の一伝として『日本書紀』に見える。

C1 伊奘諾尊《いざなきのみこと》が、「私は、天下を治めるべき貴い子を生もうと思う」と言って、左の手で白《ます》銅鏡《みのかがみ》を持った時に誕生した神がいる。この神を大日孁尊《おおひるめのみこと》という。右の手で白銅鏡を持った時に誕生した神がいる。この神を月弓尊《つくゆみのみこと》という。また、首を回して斜めに鏡を見た時に誕生した神がいる。この神を素戔嗚尊《すさのおのみこと》という。

(伊奘諾尊《いざなきのみこと》の曰《のたま》はく、「吾、御寓《あめのしたしら》すべき珍《うづ》の子《みこ》を生まむと欲《おも》ふ」とのたまひて、すなはち左の手を以て白銅鏡《ますみのかがみ》を持《と》りたまふときに、すなはち化《な》り出づる神有《ま》す。是《これ》を大日孁尊《おほひるめのみこと》と謂《まを》す。右の手に白銅鏡を持りたまふときに、すなはち化り出づる神有す。是を月弓尊《つくゆみのみこと》と謂す。また、首を廻《めぐ》らして顧《み》眄《る》之間《まさかり》に、すなはち化り出づる神有す。是を素戔嗚尊《すさのをのみこと》と謂す。)

〔神代紀上〕

このC_1の話の前にあるのは、次のような話である。火の神を産んだために体を焼かれて死に、そのまま黄泉国《よみのくに》へ行った妻の伊奘冉尊《いざなみのみこと》を連れ戻そうと、夫の伊奘諾尊《いざなきのみこと》は黄泉国へ赴いた。しかし、結局は妻と夫婦喧嘩をしてしまい、一人でもとの国へ戻って来た。そして、黄泉国で身に付いた汚れを祓《はら》い落としたあとで、伊奘諾尊は自分の後継者となるべき貴い子を生むことになった。C_1の話で語られているのは、伊奘諾尊が実際に後継者を産む場面である。

この神話に出ている伊奘諾尊《いざなきのみこと》・伊奘冉尊《いざなみのみこと》は日本の国々・神々を産み出した創造神であり、『古事記』の伊邪那伎命《いざなきのみこと》・伊邪那美命《いざなみのみこと》にあたる。

神話にあるように、伊奘諾尊は尊い子を産むにあたって白銅鏡《ますみのかがみ》を手に持った。「ますみのかがみ」という訓はもともと「真澄みの鏡」の意であり、澄んでいて物がよく映る明鏡のことである。創造神である自分の姿を明鏡に映し、そのなかから、訓読文にある「珍《うづ》の子《みこ》」つまり神聖で尊い子を分身として誕生させよう、というのである。

まず、この鏡を左手に持った時に、太陽の神である大日孁尊《おおひるめのみこと》が生まれた。次に、鏡を右手に持った時に、月の神である月弓尊《つくゆみのみこと》が生まれた。そして、首を回して斜めに鏡を見た時に、残忍で猛威をふるう素戔嗚尊《すさのをのみこと》が生まれた。大日孁尊《おおひるめのみこと》は『古事記』の天照大御神《あまてらすおおみかみ》にあたり、月弓尊と素戔嗚尊とは月読命《つくよみのみこと》と須佐之男命《すさのをのみこと》とにあたる。*

こうして、伊奘諾尊は自分の姿を鏡に映すことによって三子を誕生させたのだが、素戔嗚尊だけは問題のある子だった。伊奘諾尊は父として、次のようなかたちで子らに世界の分治を命じた。

C_2 大日孁尊と月弓尊は、ともに性質がよくて立派な子だった。それで、天地を照らさせることにした。素戔嗚尊は、性質が残忍で他を害することを好む子だった。それで、下界へ行かせ、根国《ねのくに》を治めさせることにした。

（大日孁尊《おほひるめのみこと》及び月弓尊《つくゆみのみこと》は、並びに是性質明麗《これひととなりてりうるは》し。故《かれ》、天地《あめつち》に照らし臨ましむ。素戔嗚尊《すさのをのみこと》は、是性残《これかむさがそこな》ひ害《やぶ》ることを好む。故、下して根国《ねのくに》を治《し》らしむ。）

大日孁尊と月弓尊とを「天地《あめつち》に照らし臨まし」めたという訓読文は、行動をともにさせるかたちで二子に世界を統治させたという意味のものではない。一日を昼と夜とに分けて、世界をそれぞれに分治させたということである。残る素戔嗚尊は残忍なことを好む性格なので、下界へやって根国《ねのくに》を統治させることにした、という。

伊奘諾尊は明鏡を手に持ち、それに自分の姿を映すことによって、次々に三子を誕生させた。しかし、C_1の話をよく読むと、素戔嗚尊を誕生させる時だけは、首をぐるっと回して「顧眄之間《みるまさかり》に」（訓読文）つまり斜めに鏡を見たと記述されている。正面から鏡を見て自分の姿を映したのではなく、鏡を横目で見て姿を映した。つまり、伊奘諾尊の姿が鏡に正しく映らず、不完全な状態で映ってしまった。その結果、親には似ない、残忍で乱暴な子が誕生したのである。

鏡をめぐるこのような話を読むと、さきに見たA_2の「褶振の峯」の話を理解するための、一つの想定が可能になる。想定とは、言うまでもなく、朝鮮半島に渡ったはずの狭手彦によく似た男が、夜ごとに弟日姫子のもとに通って来た、と語られている背景についてである。弟日姫子の手から落ちて現地の川に沈んでいた鏡には狭手彦の霊魂が籠もっており、それが復活して弟日姫子のもとに通って来たのだろう、と想定することが可能なのである。夜ごとに通って来た男について、訓読文に「容止形貌《かほかたち》は狭手彦に似たりき」とあることが、そのように理解することを支持している。一見しただけでは、A_1とA_2との二話の間には深い関わりがないように思われるが、A_1の話のなかで川に沈んだと説明されている鏡が、A_2の話を展開させるのに不可欠なものになっているのである。

「鏡」という語は、少し専門的な辞書ならば語源に関する解説が付されているように、「影見《かがみ》」という複合語に由来する。「影《かが》――」という語形は、「影《かげ》」がそのあとに別の語を続けて複合語を作る際に用いられた。「雨傘《あまがさ》」という複合語では「雨《あめ》」が「雨《あま》――」となり、「酒杯《さかづき》」という複合語では「酒《さけ》」が「酒《さか》――」となる類の音韻現象である。「鏡」という道具は、「影」つまり光が当たった物の形や姿を「見る」ためのもの、という意味である。しかも、ひとたび映った人物の姿や霊魂がそのなかに籠もる、と信じられたのである。

＊大日孁尊の「孁」は、音読み「れい」で「女」「巫女《みこ》」の意を表す。

A_2の話に含まれる、現代人にとって奇妙で不可思議だと思われることとして、さきにⅰ〜ⅳの四点をあげた。ⅰについては右に述べたとおりであり、ⅱが大物主神をめぐる「三輪山説話」の影響を直接に受けたものであることは明瞭である。よって、ⅲとⅳの二点がこの話に独自の要素だと言ってよさそうである。

ⅲは弟日姫子が蛇神の犠牲になったことを暗示するものだが、独自とは言っても類話がほかにまったくないというのではない。沼の底にあった屍《かばね》を墓に納めたと語るⅳにもまた類話があるから、ⅲと同程度に独自の要素である。

切れた鏡の紐・振った褶《ひれ》・衣に付けた紐

A_1とA_2の二話を読む場合に、話を成り立たせている要素として忘れてはならないことが、まだいくつかある。それらについても、簡単に言及しておく。

弟日姫子が狭手彦から与えられた鏡について、その紐が切れて鏡が川に沈んでしまったと語られていることには、確かに右に述べたように重要な意味がある。しかし、一方では、川に沈んでしまった鏡とは別に、鏡に結び付けられていた紐にもまた重要な意味がある。

それは、『万葉集』の歌に多く詠み込まれているように、「紐」「緒《を》」「綱《つな》」その他の細くて長いものと、「切れる」という意味の動詞「絶《た》ゆ」とを連合させて用いた場合、その表現は男女の離別を意味し象徴するものになった、ということである。

D　牽牛《ひこぼし》の　妻呼ぶ舟の　引き綱の　絶えむと君を　吾が思はなくに　〔十・二〇八六〕

（彦星が妻のもとへ行く船の、手で引っ張る綱が切れるように、あなたとの仲を切ろうなどと私は思っていないのに）

E　独《ひと》り寝て　絶えにし紐を　忌《ゆゆ》しみと　せむすべ知らに　哭《ね》のみし泣かゆ　〔四・五一五〕

（一人で寝ていて切れた下紐を、二人の仲に関して縁起が悪いことだと思い、どうしたらいいかわからずに、声を出して泣くばかりだ）

F　白栲《しろたへ》の　我が紐の緒の　絶えぬ間に　恋結びせむ　会はむ日までに　〔十二・二八五四〕

（私の衣に着けてある下紐が切れないうちに、それをしっかり結んで二人の仲のことを約束しておこう、また会う日まで）

Dの歌では、「綱」を引っ張って舟を進める時に「綱」が切れることがあるが、そのように二人の仲を切ろうとは思わない、という心情を表明している。Eの歌では、「紐」の切れたことが今後の二人の仲を暗示すると思われたと告白しており、Fの歌では、衣の「紐の緒」が切れないうちに、相手との関係を確かなものにしておこうと述べており、「紐の緒の絶えぬ間」とは二人の仲が続いている現在をさす。「緒《を》絶《だ》え」〔十六・三八一四〕という、男女関係の破綻を暗示する複合名詞も『万葉集』には見える。

「紐」などと「絶ゆ」とを連合させて用いた類例は、『万葉集』にきわめて多くある。だから、A_1の話の訓読文に「与《おく》られし鏡の緒《を》絶《た》えて……」とあることもまた、狭手彦と弟日姫子とがすぐあとに離別を迎えることを象徴し予告するものだった、と理解すべき可能性が高い。実際に、A_2の話の冒頭で、狭手彦は弟日姫子と別れ、船で朝鮮半島に旅立った。語り手の話が、「与《おく》られし鏡の緒《を》絶《た》えて……」というA_1の場面に及んだ時に、話を聞いていた当時の人々は、二人がこのすぐあとに離別することを予想したに違いない、という指摘がある。妥当な指摘であり、鏡だけでなくそれに結び付けてあった「緒」もまた、A_1とA_2の二話を深いところで結び付けているわけである。

死者をも蘇らせる「褶」

弟日姫子が峯に登り、狭手彦の乗った船を見送った時の様子が、訓読文では「褶を用《も》ちて振り招《を》きき」と描写されている。「振り招《を》きき」は漢字の意味が表すとおり、「戻って来てほしい」と願いながら褶を振ったことをいう。A_1とA_2の二話を読む場合には、弟日姫子が振ったその褶にも注目しなければならない。それは、褶もまた特別な呪力をもつものだと考えられたからである。「褶」は「領巾」とも書かれるし、万葉仮名で一字一音式に「比礼」と書かれることもある。文献によって表記は異なる。

褶の呪力を示す話としてよく知られているのは、地上の支配者となるべき大穴牟遅神《おおなむじのかみ》が、須佐《すさ》之男命《のおのみこと》の娘である須勢理毘売《すせりびめ》と結婚した時の神話である。娘の父である須佐之男命が、大穴牟遅神にさまざまな難題を課した。大穴牟遅神が蛇・蜈蚣《むかで》・蜂のいる場所に押し込められた時に、妻の須勢理毘売が「それらが咬《か》もうとしたり刺そうとしたりしたら、この比礼を三度振って追い払って下さい」と教えた。教えられたとおりにすると蛇・蜈蚣・蜂はおとなしくなったので、大穴牟遅神は難を逃れることができた、というのが『古事記』の記述である。このほかにも、比礼を含む「十《とくさ》の宝《たから》（十種の不思議な宝物）」を震わせれば「死人《しにたるひと》も反《かへ》り生きなむ」、という記述が『先代《せんだい》旧事本紀《くじほんぎ》』（十世紀前半に成立）という歴史書に見える。死者も蘇生するというのは、霊宝に具わっている呪力の強さを示すものである。

そうした呪力のある褶を手に持ち、弟日姫子が峯の上から船に向かって「振り招《を》き」をした、というのだから、狭手彦によく似た姿の男が弟日姫子のもとに通って来たのは、褶の呪力が発揮された結果だ、と理解することも十分に可能である。

話が成立した当初は、鏡・褶のどちらか一つしか話に含まれていなかったために、その一つに具わっている呪力が発揮されて、弟日姫子のもとへ男が通って来たのだ、と人々には理解されただろう。しかし、そのあとで、もう一つのものが話のなかに導入されたので、あとで導入されたものの呪力が発揮されて男が通って来るようになった、という理解も可能になったのだろう。

二つのものが導入された、その先後関係はどのようなものなのか、どうしても問題になる。鏡の話題がなければ、狭手彦によく似た男が弟日姫子のもとに通って来る話もまた成立しない。これに対し、弟日姫子が峯の上から船に向かって褶を振らなくても、鏡が現地の川のなかに残っていさえすれば、それから狭手彦が復活して彼女のもとに通って来ることはありうる。だから、もともと話に含まれていたのは鏡の話題であり、鏡と同じく呪力のある褶の話題はあとから付加された、考えられる。

A_1の話に「鏡の緒《を》絶《た》えて……」とあり、A_2の話に「績麻《うみを》を用ちて其の人の襴《すそ》に繋《か》け……」とある（訓読文）。話題が同じく紐のようなものに関わっている点で、一方の「緒《を》」と他方の「麻《を》」とが互いに対応することは、二話の内容的な関係について考えるうえで重要である。二話の内容と「緒」「麻」との関わりを整理してみると、二話の間には、次のような対応・反転関係のあることが確認できる。

緒……弟日姫子の持っている鏡に付けられたものであり、これが切れることによって、狭手彦の霊魂の籠もる鏡が川に沈み、結果的に二人の離別が予告される。

麻……男の着ている衣の裾に付けられたものであり、これが長く続いていることによって、弟日姫子が男との再会を果たし、結果的に屍《かばね》として沼の底に沈められる。

このような対応関係や反転関係が見られることもまた、A_1とA_2との二話の内容が深くかつ密接に関わっていることを示している。

伊福部《いふきべ》の雷神

糸・紐をたどって行くことによって、女のもとにやって来た相手の正体や本拠地を知る、というタイプの話は、大物主神が活玉依毘売《いくたまよりびめ》のもとに通ったという代表的な「三輪山伝説」や、大伴狭手彦によく似た男が弟日姫子のもとに通ったという右の話のほかにも、まだ奈良時代の文献には見える。それは『常陸国風土記』の逸文が伝える話であり、後世の『塵袋《ちりぶくろ》』という辞書・事典（十三世紀の後半に成立）に引用されたことによって、現代まで残ったものである。

ただし、その話では、相手の正体は蛇神ではなく、それと入れ替わりやすい雷神になっており、しかも麻糸をたどって行った男が雷神を懲《こ》らしめようとする、という内容のものになっている。

G　昔、兄と妹が同じ日に田を作って、「今日遅く植えた者は、伊福部《いふきべ》の神の災い《わざわ》を受けるだろう」と言っていたところ、妹が田を遅く植えた。その時に、雷が鳴って妹を蹴《け》殺してしまった。兄は大いに嘆き、また恨んで雷神に仕返しをしようとしたが、その雷神がどこにいるのか知らなかった。その時に、一羽の雌《めす》の雉《きじ》が飛んで来て、兄の肩の上にとまった。兄は縒《よ》った麻糸を取り出して、それを雉の尾に着けた。雉は飛んで行って、伊福部の岳《をか》に上がった。兄がその麻糸をたどって行くと、雷が伏している石屋《いわや》に着いた。兄は太刀を抜いて神雷《かみ》を斬ろうとしたが、神雷は恐れおののいて、命を助けてくれるように懇願した。「どうか、あなたの言うとおりにし、百年の後に至るまで、あなたの子孫に雷の落ちる心配がないようにします」と言った。兄はその申し出に従って雷を許し、殺すのを止めることにした。また、兄は、「雉の恩を喜びとして、一生の間雉への恩を忘れまい。もし私が約束を破ったら、病に冒《おか》されて生涯が不幸になってもかまわない」と誓った。そういうことがあったので、その土地の百姓は今の世まで雉を食わないのだ、という。

（昔、兄と妹と同じき日に田を作りて、今日遅く植ゑたらん者は伊福部《いふきべ》の神の災《わざは》ひを被《かうむ》るべし、と云《い》ひけるほどに、妹が田を遅く植ゑたりけり。其の時、雷鳴りて妹を蹴《け》殺しつ。兄、大いに嘆きて、恨みて、かたきを討《う》たんとするに、其の神の所在《ありか》を知らざりき。一の雌雉《めのきぎし》飛び来たりて、肩の上に居たりき。績麻《へそ》を取りて、雉の尾にかけたるに、雉飛びて、伊福部の岳《をか》に上がりぬ。又其の績麻を繋ぎて行くに、雷の伏せる石屋に到りて、太刀を抜きて神雷を斬らんとするに、神雷恐れ怖きて、助からん事をこふ。「願はくは、きみが命に従ひて、百歳の後に至るまで、君が子孫の末に雷震の恐れなからん」と。是を許して、殺さず、雉の恩を喜びて、「生々世々に徳を忘れじ。若し違犯あらば、病に纏はれて、生涯不幸なるべし」と誓へり。其の故に、其の所の百姓は今の世まで雉を食はずとかや。）

妹を雷神に「蹴殺《けころ》」（訓読文）された兄が、雌《めす》の雉《きじ》の尾に付けた「績麻《へそ》」（同）をたどって行って、雷神のいる場所を突きとめた。兄が仕返しに雷神を斬り殺そうとした時に、雷神は命乞いをし、兄の子孫に百年の後まで落雷の心配がないようにすると約束した。兄は雷神を殺さずにその命を助けてやったうえで、「雉の恩を忘れまい」と言い、さらに「約束を破ったら不幸になってもよい」と言った。そのようなことがあって、当地の者は今まで雉を食わないのだ、という。

兄と妹とが田を作るところから話が始まっている。農作業の時に、人々が落雷によって死ぬことが実際に多かったのだろう。「伊福部《いふきべ》の神」とは、つまりは雷神であり蛇神である。

このGの話が、三輪山の大物主神が活玉依毘売のもとに通った話によく似ていることは、一読して明瞭である。話に登場するのが蛇神ではなく雷神であるのは、既に確認した蛇と雷とのイメージ上の重なりを考慮すれば、そのまま納得できる。

しかし、Gの話の構成や内容を細かく見ると、大物主神の話と相違する点が少なからずある。麻糸をたどって行くという行動が、相手の正体を突きとめるためではなく、既に正体が明らかになっている対象の所在を突きとめるためだというのは、内容がやや屈折している。大物主神の話では、男の着衣の裾に付けておいた麻糸が三輪山の社の所で途切れていたので、女のもとに通っていた男が大物主神であることを知った、とある。それは男の正体とその本拠地とが一体化したかたちの、単純な内容のものである。本拠地がわかれば男の正体も自然にわかるのである。

また、Gの話では、相手の所在を兄が突きとめようとした際に、兄と麻糸、兄と雷神とを結び付ける媒介者として雉が登場しているが、雉に相当する媒介者は大物主神の話には登場しない。その点でも、Gの話では内容がやや複雑になっている。*

鳥による導き

鳥が人を導く役目を果たすというのは、ほかのいくつかの話にも例がある。例えば、のちに初代の天皇になる神倭《かむやまと》伊《い》波《わ》礼《れ》毘古命《びこのみこと》が熊野でひどく難儀をしている時に、天界にいる高木大神《たかぎのおおかみ》が次のように言ってよこした。

H 「天の神の御子を、そこから奥に行かせてはならない。荒ぶる神が、きわめて多くいる。今、天から八《や》咫《た》烏《がらす》を遣わそう。その八咫烏が先導してくれるだろう。それが飛び立つのに従ってお進みになるのがよい」と言った。その指示のままに、八咫烏のあとを追ってお進みになると、吉野河の下流に着いた時に……

（「天つ神の御子を、これより奥つ方にな入り幸《い》でまさしめそ。荒らぶる神、甚多《いとさは》なり。今、天より八咫烏《やたがらす》を遣はさむ。故《かれ》、その八咫烏、引導《みちび》きてむ。その立たむ後より幸行《い》でますべし」とまをしたまひき。故、その教へ覚《さと》しの随《まにま》に、その八咫烏の後より幸行でませば、吉野河の河尻《かはじり》に到りましし時……）〔神武記〕

高木大神が天界から遣わした烏が、神倭伊波礼毘古命を吉野河の下流まで無事に先導してくれた、という。

このHの話に出ている「八咫烏《やたがらす》」とは、並はずれて大きな烏《からす》である。当時の烏は霊鳥として扱われており、後世のような悪いイメージはまだ付与されていない。『日本書紀』の記事では、Hの話に登場する烏を天照大神が「郷導者《くにのみちびき》」と呼んでいる。称讃の意の籠められた呼び名である。

鳥が人を導くというのではないが、『日本書紀』には、Hの話に見えるのと同じ御子に代わって、鵄《とび》が長髄彦《ながすねびこ》という敵の動きを抑えた、という話が見える。

＊「雉」という鳥は、奈良時代には「きぎし」と三音節で呼ばれた。平安時代には「きぎす」も使われたが、すぐに「きじ」が一般的な呼称になった。

Ｉ　皇軍は、遂に長髄彦を討つことになった。連戦しても勝つことができなかった。その時に、忽然として空が曇り、雨氷《ひさめ》が降った。すると、金色の不思議な鵄《とび》が飛来して、御子の弓の弭《はず》にとまった。その鵄は光り輝いて、稲光のような様子だった。それで、長髄彦の軍卒は、皆とまどって、戦う気力を失った。（略）皇軍が、鵄の不思議な力を味方にしたので、その時の人たちはこの地を「鵄邑《とびのむら》」と名付けた。

（皇師《みいくさ》、遂に長髄彦を撃《う》つ。連《しきり》に戦ひて取勝《か》つこと能《あた》はず。時に忽然《たちまち》にして、天陰《ひし》けて雨氷《ひさめ》ふる。乃ち金色の霊《あや》しき鵄《とび》有りて、飛び来りて皇弓《みゆみ》の弭《はず》に止れり。其の鵄光り曄煜《てりかかや》きて、状《かたち》流電《いなびかり》の如し。是《これ》に由《よ》りて、長髄彦が軍卒《いくさのひとども》、皆迷《まと》ひ眩《まぎ》えて、復力《またきは》め戦はず。（略）皇軍の、鵄の瑞《みつ》を得るに及《いた》りて、時の人仍《よ》りて鵄邑《とびのむら》と號《なづ》く。）

〔神武即位前紀〕

文脈から推測できるように、訓読文にある「天陰《ひし》けて雨氷《ひさめ》ふる」という現象は神の霊力によるものであり、同じく「金色の霊《あや》しき鵄《とび》」とあるのも神が御子のもとに遣わしたものである。また、飛来した鵄が「皇弓《みゆみ》の弭《はず》」つまり弦を掛ける弓の端に止ったというのは、このあとに御子の軍が勝利することの予告になっている。

さきのGの話に出ている雉はどこから兄のもとに遣わされたものなのか、文脈からはよくわからないが、おそらくは上位の神が遣わしたものだろう。妹を「蹴殺《けころ》」した雷に限らず、一般に雷が人に害をもたらすことが多かったからだろうか、古代では雷の地位は低いと考えられたようである。雷が天から人の前に落ちて来たり、雷が人に捕縛されたり、雷が人に命乞いをしたりするなど、そのことを示す話が少なからずある。

大物神主の話とGの話

妹の命を奪った雷神が、今後は兄の子孫に落雷の心配がないようにすることを誓い、兄がそれを承知したというのは、話の展開に一貫性がないと言える。妹を殺され、「大いに嘆きて、恨みて、かたきを討《う》たんと」した（訓読文）兄の激しい怒りと断固たる決意とが、いつの間にか雲散霧消しているからである。別の見かたをすれば、妹の命の問題が子孫の命の問題にすり替えられている、とも言えるのである。

話の結末が、当地の人々が雉を食わないことの由来を語るかたちになっている。それは、大物神主の話に比較すると、無用の付けたりだと感じられる。

とにかく、伊福部の神に関するGの話は、大物神主の話と同じような内容の話に、それにはないいくつかの話題を含めたかたちになっている。しかし、だからといって、Gの話は大物神主の話が零落したものだと理解するのは、必ずしも正しくないだろう。実際に、Aの話についてそのように評する立場もあるが、話というものは、さまざまな話題を取り込んだり、特定の話題を脱落させたりして、絶えず変容を続けるものである。大物神主の話にしても、現在の我々が読むようなかたちで話が成立するまで、どれほど変容を遂げたのかわからない。

大切なことは、その変容がどのようなものだったのか、また変容を遂げたのは人々のどのような考えによるものなのか、ということである。

第五章　皇子を執拗に追いかける蛇女

垂仁天皇の話の後半部

奈良時代の人々のイメージでは、蛇と刀剣と雷とが重なり合っていた。そのことは、第三章でいくつかの伝承を例示して詳しく説明した。

その第三章なかで、垂仁《すいにん》天皇の代に起こったとされている、沙本毘古王《さほびこのみこ》・沙本毘売命《さほびめのみこと》の兄妹による謀反事件を取り上げた。皇后である沙本毘売命に、その兄である沙本毘古王が垂仁天皇の殺害を命じたが、皇后はそれを遂行することができなかった。そのために、兄妹の謀反計画は失敗に終わった。皇后は兄が逃げ込んだ稲城《いなき》に自分も逃げ込み、そのなかで天皇の御子《みこ》を産んだ。そして、産んだばかりの御子を天皇側の兵士に預けたあとで、兄とともに死んでしまった、という。

この話のなかで、天皇は「沙本の方から降ってきた暴雨が私の顔を濡《ぬ》らし、錦色《にしきいろ》の小さな蛇が私の首にまとわりつく、という夢を見た」と皇后に語っている。このことについて、天皇の首にまとわりついた小さな蛇は沙本毘古王が妹に授けた小刀であり、天皇の顔を濡らした暴雨は沙本毘売命が天皇の顔に落とした涙だった、という皇后による明快な説明が『日本書紀』の記述に見える。

兄妹が謀反に失敗したこの話は、実は垂仁天皇の家族をめぐる伝説の前半部である。続く後半部の話にもやはり蛇が登場するのだが、話の内容が、蛇・刀剣・雷がもつイメージのうえでの重なりとは直接の関係がないものなので、第三章では後半部の話の内容にまったく言及しなかった。ただし、そこに蛇が登場することが話を展開させる重要なきっかけになっているので、本章ではその蛇について考えることにする。

沙本毘売命の産んだ御子は、皇后の遺志に従って「本牟智和気命《ほむちわけのみこと》」と名付けられた。しかし、この御子は、出雲大神《いずものおおかみ》の祟《たた》りを受けて、大人になっても物が言えない子だった。神の祟りを解消するために、天皇が御子を出雲へと旅立たせた結果、御子は現地で初めてまともに物を言うことができた。また、御子は出雲の女と一夜の関係をもったが、あとで女の姿を覗《のぞ》き見ると、なんとそれは蛇だった。恐れをなした御子が船に乗って海へ逃げると、蛇は海原を光らせて執拗《しつよう》に追いかけて来た。そのあとで御子は船ごと山へ逃げ、かろうじて助かった、という。御子が一夜の関係をもった相手は、つまりは蛇女だったのである。

このように、垂仁天皇をめぐる話の後半部は、その多くが、天皇と本牟智和気との父子関係あるいは御子自身の行動について語るものになっている。物が言えない子を父がひたすら愛して悩み、神の祟りによる厄難を解消するために尽力し続けて、最終的に子はそれに成功する、という内容である。

物が言えない御子

父の天皇は物が言えない御子を愛し、特注の船を池に浮かべて一緒に遊んでやるなどした。そのことを語る話を、実際に見てみる。

A₁　この御子は、顎《あご》の髭《ひげ》が胸の前まで伸びてきても、まともに物を言うことができなかった。ある時、空高く飛んで行く鵠《くぐい》の鳴き声を聞いて、御子は初めて口をぱくぱくさせた。そこで、天皇は山辺の大鶙《おおたか》という人を派遣して、その鳥を捕まえさせようとした。この人は、鵠を追い求めて、紀伊国から播磨国まで行き、また追いかけて因幡《いなば》国に越えて行き、さらには丹波国や但馬国まで行き、さらに東の方まで廻り、近江国へ行き、美濃国へ越えて、尾張国を通って信濃国まで追いかけ、とうとう高志《こし》国で追いついて、和那美《わなみ》の水門に網を張って、めざす鳥を捕まえて上京し、それを天皇に献上した。（略）御子がその鳥を御覧になったら物を言うだろうと天皇はお思いになったが、その期待のとおりにはならなかった。

（この御子、八拳髭心《やつかひげむね》の前《さき》に至るまで真言《まこと》とはず。故、今高往《ゆ》く鵠《くぐい》の音を聞きて、始めてあぎとひしたまひき。ここに、山辺の大鶙《おおたか》を遣はして、その鳥を取らしめたまひき。この人、その鵠を追ひ尋ねて、木国《きのくに》より針間《はりま》国に到り、また追ひて稲羽《いなば》国に越え、すなはち丹波国、多遅間《たぢま》国に到り、東の方に追ひ廻りて、近つ淡海《あふみ》国に到り、すなはち三野《みの》国に越え、尾張国より伝ひて科野《しなの》国に追ひ、遂に高志《こし》国に追ひ到りて、和那美《わなみ》の水門に網を張りて、その鳥を取りて持ち上りて献《たてまつ》りき。(略)またその鳥を見たまはば、物言はむと思ほせしに、思ほすが如くに言ひたまふ事なかりき。)

〔垂仁記〕

大人になって顎《あご》の髭《ひげ》が胸の辺りまで伸びても、御子は物が言えなかった。ある時に、空高く飛んで行く鵠《くぐい》つまり白鳥の声を聞いて、御子は物を言うように口を動かしたので、天皇は大鶙《おおたか》という人物を遣わして鵠を捕らえさせることにした。この人物は飛び続ける鵠を追いかけて多くの国々をめぐったあと、とうとうそれを捕まえて天皇に差し出した。しかし、天皇の期待に反して、御子は鵠を見ても物を言わなかった、という。

「大鶙《おおたか》」という名は鳥を捕まえる人物にふさわしい、説話的な背景を担う名である。話では、この人物が費やした長い時間と、この人物が移動した広い地域とが、かなり強調的に語られている。それだけにまた、捕まえて来た鵠を見ても御子が物を言わなかったという結末は、天皇や周囲の者の失望がいかに大きいものだったかを、話を聞く者に想像させたに違いない。

この話のあとに、御子が物を言わない理由とともに、天皇が御子に言語能力を獲得させるために尽力する様子が、細かに語られる。

A₂　それで、天皇が悩んで寝ておられた時に、神が夢のなかでお教え下さったのは、「私の宮を天皇の宮殿のように造って下さったら、御子は必ずまともに口がきけるようになるでしょう」ということだった。この時に、占いによって、それはどの神の意志かを確認したところ、祟りは出雲大神《いずものおおかみ》のお心によるものだった。それで、天皇は、大神の宮を拝《おが》ませるために御子を出雲に遣わそうとお思いになり、どんな人物を御子に添えればよいかを占われた。その結果、曙立王《あけたつのみこ》が占いに出た。

（ここに天皇、患《うれ》ひたまひて御寝《みね》しませる時、御夢に覚《さと》して曰《の》りたまひけらく、「我が宮を天皇の御舎《みあらか》の如修理《をさ》めたまはば、御子必ず真言《まこと》とはむ」とのりたまひき。かく覚したまふ時、太占《ふとまに》に占相《うらな》ひて、何《いづ》れの神の心ぞと求めしに、その祟りは出雲の大神の御心なりき。故、その御子をしてその大神の宮を拝《をろが》ましめに遣はさむとせし時、誰人《たれびと》を副《そ》へしめば吉《よ》けむとうらなひき。ここに曙立王《あけたつのみこ》、卜《うら》に食《あ》ひき。）

出雲大神が夢のなかで、「私の宮を天皇の宮殿のように造営してくれたら、御子は口がきけるようになるだろう」と告げた。そこで、天皇は出雲大神を拝ませるために御子を現地に派遣することにし、占いに名の出た曙立王《あけたつのみこ》を御子と一緒に旅立たせた、という。御子を旅立たせるにあたっての、天皇の配慮は周到である。

天皇の命令を受けた曙立王は、神の意志を確認し、また旅に出るにあたってさまざまな準備を行った。そして、出雲へ行くまでの経路を具体的に定めたうえで、菟上王《うなかみのみこ》を伴って御子と三人で出立することにした。

出雲での御子

一行が出雲に到着してからの話は、御子が物を言えるようになるまでの経緯と、御子が蛇女と一夜の関係をもってからの行動との、二つの話題から成る。前者の話題は、御子が出雲大神を拝み終えた場面から始まる。

A3　出雲に着いて、大神を拝み終えてそこから戻る時に、肥河《ひかわ》のなかに黒い丸太橋を作り、仮宮を用意して御子を饗応した。出雲の国造《くにのみやつこ》の祖先で、名を岐比佐都美《きひさつみ》という者が、青葉の山を飾り、それを河下に立てて、御子にお食事を奉ろうとする時に、御子が「この河下にある青葉の山のようなものは、山のように見えて山ではない。あるいは、出雲の石硐《いわくま》の曽宮《そのみや》にいらっしゃる葦原色許男大神《あしはらのしこおのおおかみ》を祭る神官の大庭《おおにわ》なのか」とお尋ねになった。すると、お供として遣わされた二人の王《みこ》たちは、聞いて喜び見て歓んで、御子を檳榔《あじまさ》の長穂宮《ながほのみや》に逗留《とうりゅう》させて、駅使《はゆまづかい》を天皇に奉った。

（出雲に到りて、大神を拝み訖《を》へて還り上ります時に、肥河の中に黒き巣橋《すばし》を作り、仮宮を仕へ奉りて坐《ま》さしめき。ここに出雲の国造《くにのみやつこ》の祖《おや》、名は岐比佐都美《きひさつみ》、青葉の山を餝《かざ》りて、その河下に立てて、大御食《おほみけ》献らむとする時に、その御子詔《の》りたまひしく、「この河下に、青葉の山の如きは、山と見えて山に非《あら》ず。もし出雲の石硐《いはくま》の曽宮《そのみや》に坐す葦原色許男大神《あしはらしこをのおほかみ》を持ち拝《いつ》く祝《はふり》の大廷《おほには》か」と問ひたまひき。ここに、御伴に遣はさえし王等《みこたち》、聞き歓び見喜びて、御子をば檳榔《あじまさ》の長穂宮《ながほのみや》に坐せて、駅使《はゆまづかひ》を貢上《たてまつ》りき。）

河下に見える「青葉の山」について、御子は「山と見えて山に非《あら》ず」（訓読文）と言い、続けて「葦原色許男大神《あしはらしこおのおおかみ》を祭る神主の祭場ではないのか」と質問したという。これが、御子がまともに物を言った最初の場面である。「葦原色許男大神」とは、出雲の大国主神《おおくにぬしのかみ》のことである。

御子が右のように発言したのは出雲大神を拝んだあとだから、御子が神に近づいて敬意を表明したことによって、それまでの祟りがすっかり解消された、ということである。付き従っていた二人の王たちは御子が発言するのを聞いて大いに喜び、早馬を遣わして事の次第を天皇に報告した、という。

話に出ている出雲の「肥河《ひかは》」とは、須佐之男命《すさのおのみこと》が大蛇を退治したのと同じ河である。また、御子が逗留した「長穂宮《ながほ》」の「なが」とは、大蛇の尾から出て来た「草薙劔《くさなぎのつるぎ》」の「なぎ」と同様に、蛇をさす語である可能性がある。しかし、既に序章で言及したように、「なが」が蛇をさす確かな用例は古代の文献に見えない。「なぎ」についても同様である。

A3の話に続いて、御子が蛇女と一夜の関係をもったことが語られる。蛇女の名が、河の名の「肥」と「なが」とを含む「肥長比売《ひながひめ》」であることに注意したい。

A4 御子は、肥長比売《ひながひめ》と一夜の関係をもった。その美人の姿を覗《のぞ》き見ると、それは蛇だった。御子は見て恐れ、そのままお逃げになった。すると、肥長比売は姿を見られたことを恨み、海原を光らせて船で追いかけてきた。御子はますます恐れて、山の低くなった場所から船を引っ張って逃げ、上京された。二人の王《みこ》は、天皇に報告して、「大神を拝まれたことで御子は物を言われましたので、帰って参りました」と申し上げた。天皇はお喜びになり、菟上王を出雲に戻して、神の宮を造らせられた。

(その御子、一宿《ひとよ》肥長比売と婚《まぐは》ひしましき。故、その美人を竊伺《かきまみ》たまへば、蛇なりき。すなはち見畏《かしこ》みて逃げたまひき。ここにその肥長比売患《うれ》ひて、海原を光《てら》して船より追ひ来りき。故、益《ますます》見畏みて、山のたわより御船を引き越して逃げ上り行《い》でましき。ここに覆奏言《かへりごとまを》ししく、「大神を拝みたまひしによりて、大御子物語《ものの》りたまひき。故、参上《まゐのぼ》り来つ」とまをしき。故、天皇歓喜《よろこ》ばして、すなはち菟上王《うなかみのみこ》を返して、神の宮を造らしめたまひき。)

御子が女と関係をもったというのは、たまたま出雲でそのような経験をしたということではないだろう。まともに物が言えないという、幼い子供のような状況を脱して言語能力を獲得し、一人前の男になったことを証する行為として女と関係をもった、という設定になっているのだろう。関係をもった女の姿をあとで覗《のぞ》くと、それは蛇だった。御子が恐れて逃げ出すと、蛇は船で海を光らせて追いかけて来た。御子は何とか逃げ切って都に戻った、という。

「肥長比売」という蛇女の名は、そのまま「肥河の蛇姫」の意である可能性が高い。この女が「海原を光《てら》らして」（訓読文）御子を追いかけて来たというのは、蛇神である三輪山の神が「海を光らして依《よ》り来」た〔神代記〕とか、同神が「目精赫《まなこかかや》」かせた〔崇神紀〕とか、大蛇の姿で「目を発瞋《いから》して」田道《たぢ》が墓のなかから現れたとか〔仁徳紀〕と述べられているのと同じで、蛇を象徴する現象であり表現である。須佐之男命が「八俣《やまた》の大蛇《をろち》」を退治する神話に「その目は赤かがちの如くして」〔記〕とあるのは、大蛇の目は赤い酸漿《ほおずき》のようだということだから、やはり目の動きや状態に関する表現が蛇を象徴するものになっている。

父子と蛇との関わり

小刀を象徴する、夢のなかで天皇の首にまとわりついた小蛇と、物が言えるようになった御子が関係をもった蛇女とは、前半部の話と後半部の話との深層で、互いに結び付いているのかいないのか、結び付いているとすればそれはどのようなことなのか。

このような疑問をいだかせるのは、謀反の計画があることを天皇が知るに至るきっかけと、御子が物が言えないでいる理由を天皇が知るに至るきっかけとが、まったく一致するということである。つまり、今まさに天皇と御子に厄難が降りかかっている事実を、前半部と後半部のどちらの話でも、天皇が夢を見ることによって知るというのは、単なる偶然なのだろうか。こうした一致が認められることを考慮すれば、天皇の夢に出てきた小蛇と、御子が関係をもった蛇女との間にも、何か必然的なつながりがあっておかしくはない。古代の蛇をめぐる伝承について考えるという立場からは、どうしてもその点が気になるのである。

「垂仁記」を読めばわかるように、天皇・皇后をめぐる前半部の話と、天皇・御子をめぐる後半部の話とは、まったく異なる筋立てをもつものになっている。しかし、天皇が夢で見た蛇と御子が関係をもった蛇女との間に、かりに必然的で密接な関係があるとすれば、話の読みかたが変わってくる。親の話と子の話とは、異なる筋立てをもちながら深層で互いに結び付いた一連の物語だ、ということになるからである。現在まで特に問題にされてこなかったことだが、それについて言えることが一つある。

前半部の話と後半部の話との間には、やや抽象的なことではあるが、全体として共通する点がある。どちらの話にも、見かけと中身、外見と内容とが正反対になっている、あるいは両者が大きく異なっている、というタイプの話題がくり返し出てくるのである。しかも、そうした話題が、話を展開させる直接の契機《けいき》になっている。

前半部の話には、兵士らが皇后を連れ帰ろうとしてその着物や毛髪や玉飾りなどを引っ張った時に、それらはすぐに破れたり落ちたりしたとある。普通のものだと見えた着物や毛髪や玉飾りは、実は事前に周到に細工が加えられたものだったのである。そのために、誕生したばかりの御子を引き取るふりをして皇后をも連れ帰る、という天皇と兵士らの意図も、同時に無効に終わった。また、前半部の話には、「この河下にある青葉の山のようなものは、山のように見えて山ではない」という意味の御子の発言にあるように、青葉の山だと見えたのは、実は当地の国造《くにのみやつこ》が事前に飾り立てた作り物だった。どちらの話題でも、見かけと中身とが正反対のものだったのである。

天皇の殺害を兄に命じられた皇后は、天皇が寝ている時にその頸《くび》を刺そうと小刀を三度まで振り上げたが、天皇に対する強い思いのために、結果的にそれが実行できなかったという。これによく似た場面が天皇の話にも見える。天皇は、皇后とその兄とが籠もっている砦《とりで》を攻めようとし、軍隊を周囲に配置したが、皇后に対する心情に妨げられて、すぐには攻めることができなかったという。さらにまた、この天皇・皇后をめぐる話題に類似する話題は、御子をめぐる話にも出ている。空高く飛んで行く鵠の鳴き声を聞いた御子は、物を言いそうな様子で初めて口をぱくぱくさせたが、出雲大神の祟りを受けているために、結局は何も物を言うことができなかった、という話題である。親子三人は、それぞれ特定の行動に出ようとはしたが、特別の事情があって、結果的にはその場で行動を起こすことができなかったのである。

こうしたタイプの話題で重要なのは、天皇が夢で見た小蛇は本当は皇后にその兄が与えた小刀だった、という前半部に含まれる話題である。これもまた、見えたことと現実のこととが大きく異なっていたという話題である。後半部の話に表れる、これに対応する話題は、御子には美しい人間の女だと見えたものが本当は蛇だった、という話題である。一方は小蛇だと見えたものが本当は小刀であり、他方は女だと見えたものが本当は恐ろしい蛇だったというふうに、見えたものと現実のものとが大きく異なっている。それらはともに蛇に関する話題だが、天皇は蛇が象徴する小刀の難を結果的に逃れることができたし、御子もまた執拗な蛇の難から逃れることができた。

このように、見かけと中身とが反転している、あるいは両者が大きく異なっている、という話題が話のなかでくり返される。その反転関係は、「この河下に、青葉の山の如きは、山と見えて山に非《あら》ず」（訓読文）という御子の発言に最もよく現れている、と言ってよいだろう。さらに、同じことが、大人になって顎髭《あごひげ》が胸の辺りまで伸びて来ても物が言えなかった、という御子自身の状況にもそのままあてはまる。周囲の者には一人前の男だと見えた御子だったが、実際には幼い子と同じようにまともに物が言えない存在だったのである。

引用された諺の意味

同様のことを明瞭に反映しているものは、実は話のなかにまだある。天皇の命令に従って、兵士らは御子と一緒に皇后も連れ帰ろうと試みた。しかし皇后の着物や毛髪や玉飾りなどを引っ張ると、それらはすぐに破れたり落ちたりしたので、兵士らは皇后を連れ戻すことができなかった、という。そのことを兵士らから伝え聞いた天皇の行動について、『古事記』には、

A_5　そこで天皇は、悔い恨まれ、玉飾りを作った者どもを憎く思われて、その所有地をすべてお取り上げになった。それで、諺《ことわざ》に「地得《ところえ》ぬ玉作《たまつくり》」というのである。
（ここに天皇、悔い恨みたまひて、玉作りし人等《ひとども》を悪《にく》まして、その地《ところ》を皆奪ひたまひき。故、諺に「地得ぬ玉作」と曰《い》ふなり。）

と記述されており、しかも、この記述のなかには、「地得《ところえ》ぬ玉作《たまつくり》」という当時の諺《ことわざ》が引用されている。本居宣長の『古事記伝』（江戸時代に成立）という解説書に、この諺は「賞《メデモノ》を得むとて為《し》たる事に因《ヨリ》て、返りて罸《トガメ》をうくるが如き事の譬《タトヘ》」だという説明があり、現在の研究者もこれを同様に解

釈している。褒美《ほうび》をもらおうとして皇后の言いつけに従い、紐を腐らせることまでして玉飾りを作ったのだが、玉作はかえってそのことが原因で天皇に罰せられ、土地を奪われてしまった、というのである。ここには、意図と結果とが正反対だという話題が出ている。

見かけと中身、外見と内容とが正反対である、あるいは両者が大きく異なる、という話題が、以上で確認したように、話のなかにくり返し出ている。前半部の話でも後半部の話でも、それは同様である。その点で、両話は同じ発想に基づいて構成された、語りかたの均質な物語として読むことができる。

話のなかで同じタイプの話題がくり返される結果になった、その最大の要因は何か。これは想像に過ぎないことだが、大人になって髭が胸の辺りまで垂れ下がるようになっても、まともに物を言わなかった、という御子の状況が発想のもとになったのではあるまいか。見かけは一人前の立派な男だが、実は幼い子のように物が言えなかった、という御子の状況が話の伝承者らに強い印象を与え続けたのだろう。そして、その状況に基づいて、見かけと中身とが正反対の関係にあるという、類似するいくつかの話題が伝承者らによって次々に連想されることになり、結局はそれらが話のなかに組み込まれることになった、ということだろう。

天皇が夢のなかで見た小蛇と、御子が関係をもった蛇女とは、話の深層で結び付いているのかどうか、というさきに言及した問題だが、両者の間に密接な結び付きがあることは、話を細かく分析してみても確認できない。また、謀反の計画があることと、神の祟りが御子の今の状況を作り出していることとを、天皇が夢を見て知るに至ったという点は、偶然の一致である可能性を否定することができない。

「垂仁記」の構成

それでは、天皇・皇后をめぐる前半部の話と、天皇・御子をめぐる後半部の話とは、内容的にどのような関係にあるのか。

もともと、各天皇の時代に起こったことをまとめたそれぞれの天皇記には、謀反事件をはじめとする、国の統治にかかわる政治的な内容の話と、神を祀るという宗教的な内容をもつ話とが含まれる、というのが一般的である。「垂仁記」の前に置かれている「崇神記」の記事も、「垂仁記」の次に置かれている「景行記」「仲哀記」の記事も、その点では共通している。政治的な話題と宗教的な話題とは、いわば天皇記を構成する記事としてセットになっている。

問題の垂仁天皇の記事についても、政治的な話は謀反事件を中心とするものであり、宗教的な話は神の祭祀を中心とするものになっている。だから、その組み合わせで「垂仁記」が構成されている、と見ることができるだろう。

第六章　人間に制圧され排除される蛇神

「夜刀の神」の制圧

人が蛇の災禍《わざわい》から逃れようとする時に、振り返ってその蛇を見れば一家が滅亡して子孫が絶える、という「夜刀《やと》の神」に関する伝承を、『常陸国風土記』から序章に引用した。しかし、そこに引用したのは同伝承のごく一部である。実際には、引用した部分の直前にも直後にも、この蛇神に関する記述がある。本章では、まずそれらの記述を取り上げる。

直前に置かれた記述は、次のようなものである。

A1　石村《いわれ》の玉穂《たまほ》の宮で天下をお治めになった天皇（継体天皇）の御世に、一人の男がいた。箭括《やはず》の氏《うじ》の麻多智《またち》が、郡の役所より西の谷の葦原《あしはら》を切り開き、新たに田を作ろうとした。この時に、夜刀の神が群れになってやって来て、皆ここに集まり、さまざまに妨害して田を作らせまいとした。

（石村《いはれ》の玉穂の宮に大八洲馭《おほやしましろ》しめしし天皇のみ世、人あり。箭括《やはず》の氏《うぢ》の麻多智《またち》、郡より西の谷の葦原を截《きりはら》ひ、墾闢《ひらき》きて新に田に治《は》りき。此の時、夜刀の神、相群れ引率《ひきゐ》て、悉尽《ことごと》に到来《きた》り、左右に防障《さ》へて、耕佃《たつく》らしむることなし。）〔行方郡〕

箭括麻多智《やはずのまたち》という男が、葦原《あしはら》を開墾して田を作ろうとした。しかし、「夜刀の神」が群れて集まって来て、田を作らせまいとあれこれ麻多智の仕事を妨害したという。*しかし、麻多智は妨害に屈することなく、武装して敢然と蛇神に立ち向かった。

A_2 そこで麻多智はひどく怒って、甲鎧《よろひ》を身に着け、自ら武器を手にして、夜刀の神を退治して追い払った。そして、山の入り口まで行き、目印の梲《つえ》を境界の堀に立てて、夜刀の神に「ここから上は神の土地とすることを許可しよう。ここから下は人の田とする。今後は、私が神主となって後々まで神を祭ることにする。どうか、祟《たた》ったり恨んだりせぬように」と告げ、社を建てて始めて神を祭った。

（是《ここ》に、麻多智、大きに怒《いかり》の情《こころ》を起こし、甲鎧《よろひ》を着被《つ》けて、自身仗《みづからほこ》を執《と》り、打ち殺し駆逐《おひや》らひき。乃《すなは》ち、山口に至り、標《しるし》の梲《つゑ》を堺の堀に置て、夜刀の神に告げていひしく、「此《ここ》より上は神の地と為《な》すことを聴《ゆる》さむ。此より下は人の田と作すべし。今より後、吾、神の祝《はふり》と為《な》りて永代《とこしへ》に敬ひ祭らむ。冀《ねが》はくはな祟りそ、な恨みそ」といひて、社を設けて、始めて祭りき。）

麻多智は、堀に境界の目印を立てたうえで、蛇神の領域と人間の領域とを画然と区分けし、そのことを蛇神に通告した。これは、それぞれが相手の領域を侵犯することを固く禁じる、という意味の通告である。さらに、麻多智は、今後は自分が神主になってずっと神を祭っていくことを蛇神に約束したという。この記述のあとには、その約束のとおりに麻多智の子孫が代々にわたって神を祭り続けたことが付記されている。

今いる一族を滅亡させ子孫も絶やすという、恐るべき霊威を発揮する「夜刀の神」だが、麻多智はその蛇神と真っ向から対立した。相手が不気味で恐ろしい蛇神であるだけに、それに立ち向かった麻多智がいかに勇敢な人物だったたか、ということが示されている。

この話を一読しただけでは、麻多智が完全に優位に立っているように思われる。しかし、そのように理解するのは単純にすぎる。麻多智は、「今より後、吾、神の祝《はふり》と為《な》りて永代《とこしへ》に敬ひ祭らむ」（訓読文）と蛇神に告げ、自分が神主になってずっと蛇神を祭り続けることを約束するとともに、以後は祟りや恨みがないようにと蛇神に祈った、という。だから、これは、蛇神の神性・霊威が人間の武力と勇気とによって完全に取り除かれたとか、蛇神が人間によって退治されてしまったとかという話ではない。麻多智がずっと蛇神を祭り続けると約束したという点に、蛇神の神性・

＊この記述の直後に、序章に引用した話が置かれている。

霊威がその後も存続し続けることが示されている。本章の標題やこの項の見出しに、討伐するという意味の「退治」を用いず、「抑えつける」という意味の「制圧」を用いたのは、そのような理由からである。

「箭括麻多智《やはずのまたち》」という姓名には、説話的な背景がありそうである。『新撰字鏡《しんせんじきょう》』という古い漢和辞典（九世紀の末頃に成立）を見ると、「箭筈」の項に「也波受《やはず》」という訓が付いている。「箭」は「矢」のことであり、「括」は「筈」のつもりで用いたものである。だから、姓の「箭括」は「矢筈」であり、矢の末端にある、弦を掛けるへこみの部分をさす。

しかし、このように言うのは「箭括」に対する語義的な解説にすぎない。蛇神を制圧した麻多智の場合の「やはず」は別であり、「（敵対する者を）従わせる」という意味を表す、動詞の「やはす」に由来するものだろう。「やはす」という動詞は、『万葉集』の歌に「従属《まつろ》はぬ人をも夜波之《やはし》……」（二十・四四六五）つまり「（支配者に従わない者を武力で）帰服させ……」のように用いられている。だから、麻多智の姓の「箭括」は、借訓《しゃっくん》つまり宛字《あてじ》だということになる。

また、「麻多智」という名は、訓読文に「自身《みづから》杖《ほこ》を執《と》り、打ち殺し駆逐《おひや》らひき」とあるように、「真《ま》断《た》ち」あるいはそれと同じ語源の「真太刀」に由来すると考えられる。そうだとすれば、名も説話的な背景を担うものである。*

その後の「夜刀の神」

麻多智の話には、別の人物が同じ蛇神と対立した話が続いている。「夜刀の神」が池のほとりに集まって木に登っているのを、壬生連麿《みぶのむらじまろ》という人物が大声を出して追い払ったという。

A_3　その後《のち》、難波《なにわ》の長柄《ながら》の豊前《とよさき》の大宮で天下をお治めになった天皇（孝徳天皇）の御世になって、壬生連麿《みぶのむらじまろ》が初めてその谷を占有し、池の土手を築かせた。その時に、夜刀の神が、池のほとりにあった椎《しい》の木に登り集まっていて、時が経ってもそこを去らなかった。それで、麿は大声で叫んで「この池を作るのは、結局は人民のためになるように、ということだ。どの天神や地祇《ちぎ》も、天皇の施策に従わないということがあろうか」と言い、役民に命じて「目に見えるすべてのもの、魚虫の類は、遠慮し恐れることなくすべて打ち殺せ」と言い終わった時、すぐに怪しい蛇は逃げて隠れてしまった。そこにあった池は、椎井《しいい》の池と名付けた。池の周囲には椎の木があった。清水が湧き出たので、井戸のことを池の名に含めたのである。

*「真断ち／真太刀」という名と「箭括」という姓とは、同じく武具にかかわるものだという点で連想関係にあったのかも知れない。

（其の後に、難波《なには》の長柄《ながら》の豊前《とよさき》の大宮に臨軒《あめのしたしろ》しめしし天皇のみ世に至り、壬生連麿《みぶのむらじまろ》、初めて其の谷を占めて、池の堤を築《つ》かしめき。時に夜刀の神、池の辺の椎株《しひのき》に昇り集まり、時を経れども去らず。是《ここ》に、麿、声を挙げて大言《たけ》びけらく、「此の池を修めしむるは、要《むね》は民を活かすにあり。何の神《あまつかみ》、誰《いづれ》の祇《くにつかみ》ぞ、風化《おもぶけ》に従はざる」といひて、即ち役《えだち》の民に令《おほ》せていひけらく、「目に見る雑《くさぐさ》の物、魚虫の類《たぐひ》は、憚《はばか》り懼《おそ》るるところなく、随尽《ことごと》に打ち殺せ」と言ひ了《を》はる応時《そのとき》、神《あや》しき蛇避け隠《かく》りき。謂《い》はゆる其の池は、今椎井《しひゐ》の池と号《なづ》く。池の回りに椎株あり。清水出づれば、井を取りて池に名づく。）

今度は、麿が谷に池の土手を新たに築かせようとしたら、「夜刀の神」が木の上に集まって来て、いつまでもそこを去らなかった。麿が、この工事が天皇の意志を受けたものであることを宣言するとともに、それに従わないものはすべて打ち殺すように「役《えだち》の民」に命じた。すると、蛇神はすぐに姿を消してしまった、という。

前の麻多智の話では、葦原を開墾して田を作ろうとした時のことが語られ、この麿の話では、谷を占有して池の土手を作ろうとした時のことが語られている。麿が池の土手を作ろうとしたのは、麻多智が作った田に水を引くためだろうか。二話が並んで出ているので、そのように理解しやすいのだが、厳密に言えば田と池との関係は不明である。

麻多智の話と麿の話とを比較した場合に、目立つ相違がいくつかある。麻多智の場合は、自ら武装して武器を持ち、蛇神を制圧したうえで、境界の目印を立てて蛇神の領域と人間の領域とを明確に分けた。これに対し、官人である麿の場合は、工事が天皇の意志によるものであることを宣言し、それを妨害するものをことごとく打ち殺すように、役民らに命じた。麿は自ら武器を持って蛇神の退治を実行したわけではない。

また、麿の話では、神の神性・霊威がまったく語られておらず、訓読文に「風化《おもぶけ》」とあるように、天皇の意志・施策が前面に出ている。同じく訓読文の「何の神《あまつかみ》、誰《いづれ》の祇《くにつかみ》ぞ、風化《おもぶけ》に従はざる」という強い表現に、それが顕著に表れている。「どの天神も地祇《ちぎ》も、天皇の施策に従わないということがあろうか」というのである。そして、麿が役民らに「目に見る雑《くさぐさ》の物、魚虫の類《たぐひ》は、憚《はばか》り懼《おそ》るところなく、随尽《ことごと》に打ち殺せ」（訓読文）と命じるとすぐに、「神《あや》しき蛇避け隠《かく》りき」（同）という状況が生じた。蛇神が自らを「魚虫の類《たぐひ》」であり、打ち殺しの対象になると理解した、という設定になっているのだろう。麻多智が言ったように、神主としてずっと神を祭るという約束を、官人である麿はしていないし、祟りも恨みもないようにとの祈りも、麿はしていない。

麻多智の話は第二六代継体天皇の時代のこととして語られ、麿の話は第三六代孝徳天皇の時代のこととして語られている。時代の設定に、天皇十代もの落差があるのである。A_1～A_3の話について既に細かい研究があるが、話の背景が蛇神の神性・霊威から天皇の権威・施策に代わっており、それは歴史的に見て当然のことである。

「虬」が退治された話

これも序章に引用した話だが、「虬《みつち》」と呼ばれる蛇類が「毒《あしきいき》（悪しき息）」を吐いて多くの人を殺した、と『日本書紀』の仁徳天皇の条に見える。この話にも続きがあり、麻多智や麿の話と同様に、人間が蛇神の仲間を退治する話になっている。

序章に引用した部分に続く話は、次のようなものである。

B　笠臣《かさのおみ》の祖先の県守《あがたもり》は、性質が勇敢で武力が強かった。（虬のいる）淵に向かって、三つの瓠《ひさご》をまるごと水に投げ入れて、「お前は、頻繁に毒気を吐いて路を行く人を苦しめている。私がお前を殺してやろう。お前がこの瓠を沈めることができたら、私はここを去る。沈めることができなかったら、私がお前の身を斬ってやる」と言った。すると、虬は鹿に変身して、瓠を水に引き入れようとした。瓠は沈まなかった。県守は剱《つるぎ》を高くささげて水に入り、虬を斬った。さらに、虬の仲間を捜した。多くの虬の仲間が淵の底の穴に群れていた。それらもことごとく斬った。河の水が血の色に変わった。その河を県守の淵と名付けた。この時に、妖気がやや漂《ただよ》って、反逆者が一人あるいは二人と初めて出てきた。

（是《ここ》に、笠臣《かさのおみ》の祖県守《おやあがたもり》、為人《ひととなり》勇悍《いさを》しくして強力《つよ》し。派淵《ふち》に臨みて、三《みつ》の全瓠《おふしひさご》を以て水に投《なげい》れて曰《い》はく、

「汝《いまし》、屢《しばしば》毒《あしきいき》を吐きて、路人《みちゆくひと》を苦びしむ。余《われ》、汝虬《みつち》を殺さむ。汝、是《こ》の瓠を沈めば、余避《さ》らむ。沈むること能《あた》はずは、仍《すなは》ち汝が身を殺さむ」といふ。時に虬、鹿に化りて、瓠を引き入る。瓠沈まず。即ち劒《つるぎ》を挙げて水に入りて虬を斬《き》る。更に虬の黨類《ともがら》を求む。乃ち諸《もろもろ》の虬の族《やから》、淵の底の穴岬《かふや》に満《いは》めり。悉《ことごとく》に斬る。河の水、血に変りぬ。故、其の水《かは》を號《なづ》けて、縣守淵《あがたもりのふち》と曰ふ。此の時に当りて、妖気《わざはひ》稍《やうやく》に動きて、叛《そむ》く者一、二《ひとりふたり》、始めて起こる。」〔仁徳紀六十七年〕

笠臣《かさのおみ》の祖先の縣守《あがたもり》という、武勇に優れた人物が、淵に三つの瓠《ひさご》を投げ入れた。そして、「虬《みつち》が瓠を水に沈めることができたら私はここから退去するが、それを沈めることができなかったら私は虬を殺す」と通告した。結果的に、鹿の姿に変身した虬が瓠を水に沈めることができなかったので、縣守は劒《つるぎ》を高く掲げて河に跳び込み、虬の仲間をすべて斬り殺した。その時に、蛇神の妖気がやや発動して、反逆者が一人、二人現れた、という。*

この話に出ている「瓠《ひさご》」とは、内部をくり抜いた瓢箪《ひょうたん》・夕顔《ゆうがお》などのことである。酒や水その他を入れる容器として使った。この容器を水に沈めようとして虬が鹿に変身したとあるのは、細くて長い虬の姿のままでは容器を扱うことが不可能だからだろう。しかし、蛇神としての不思議な力能を使って鹿に変身した、というのは興味深い点である。

*「縣守《あがたもり》」という名は、「土地を蛇の難から守った者」の意を表す説話的な名だろう。

縣守が虬の仲間をすべて斬り殺した時に、反逆者が一人、二人初めて現れたというのは、稀代の聖帝だとされる仁徳天皇の世にも虬の祟《たた》りがあった、ということを含意する。麿の話で、「魚虫の類《たぐひ》」はすべて打ち殺すように麿が役民に命じた時に、蛇はみな姿を隠してしまったとあり、あとで蛇の祟りがあったとは語られていない。それと縣守の話とを比較すると、虬の祟りがあったというのは、その恐ろしい神性・霊威を語るものとして注目される。

大蛇に変身した山の神

本章で見てきた麻多智・麿・縣守の三者をめぐる三話は、英雄あるいはそれに準じる武力・権力をもつ男が蛇神を制圧し退治する、という内容のものである。三話では結果的に蛇神が排除されてしまうわけだが、それと異なる結末を迎える話もある。蛇神が英雄によって排除されない、というその話は、『日本書紀』に見える。

山の神が大蛇の姿になって道を塞《ふさ》ぎ、英雄の通行を妨げようとしたことが、その話の発端になっている。つまり、もともと蛇神ではない別の神が、英雄に恐怖を与えようとして、大蛇の姿になって現れたのである。この点は、これまで見た三話とは内容が異なるが、蛇に対する人々の恐怖を物語る話であることは確かである。

話の主人公は、古代の伝説のなかで最も有名な英雄である日本武尊《やまとたけるのみこと》で、景行《けいこう》天皇の皇子の一人である。この皇子は、父の命令を受けて東征の旅を続けていたのだが、その途上で大きな苦難を経験することになった。

C　日本武尊《やまとたけるのみこと》は、近江の五十《い》葺山《ぶきやま》に荒ぶる神がいるとお聞きになって、劔《つるぎ》を外して宮簀媛《みやずひめ》の家に置き、素手で出立された。胆吹山《いぶきやま》まで行くと、山の神が大蛇になって路を塞いでいた。日本武尊は、神が蛇になっていることを知らずに、「この大蛇は、きっと荒ぶる神の使いだろう。本当の神を殺せたら、その使者など探して殺すに及ぼうか」と言われた。そして、大蛇を跨《また》いで進んで行かれた。その時に、山の神は、雲を発生させ、氷を降らせた。山は霧に隠れ、谷も暗くなって、進むべき路が見えなかった。あたりをさ迷うばかりで、どこへ行っていいかわからなかった。それでも、雲を乗り越えて無理に進んだ。ようやく開けた所に出ることができた。しかし、正気を失いそうで、酔ったような感じだった。山の下にある泉にたどり着き、そこの水を飲んで目が覚めた。それで、その泉を居醒泉《いさめがい》と呼ぶことになった。

（是《ここ》に、近江の五十《い》葺山《ぶきやま》に荒ぶる神有ることを聞きたまひて、即《すなは》ち劔《つるぎ》を解きて宮簀媛《みやずひめ》が家に置きて、徒《たむなで》に出でます。胆吹山《いぶきやま》に至るに、山の神、大蛇《をろち》に化《な》りて路に当《あた》れり。爰《ここ》に日本武尊、主神《かむざね》の蛇と化れるを知らずして謂《のたま》はく、「是《こ》の大蛇は、必《ふつく》に荒ぶる神の使《つかひ》ならむ。既に主神を殺すこと得てば、其の使者《つかひ》は豈《あに》求むるに足《た》らむや」とのたまふ。因《よ》りて、跨《またこ》えて猶《なほ》出でます。時に山の神、雲を興《おこ》して氷を零《ふ》らしむ。峯霧《き》り谷曀《くら》くして、復《また》行くべき路無し。乃《すなは》ち、捿遑《さまよ》ひて其の跋渉《ふ》まむ所を知《おぼ》えず。然るに、霧を淩《しの》ぎて強《あながち》に行く。方《まさ》に僅《わづか》に出づること得つ。猶失意《こころまど》ひせること酔《ゑ》へるが如し。因りて、山の下の泉の側に居《ま》して、乃ち其の水を飲《を》して醒《さ》めぬ。故《かれ》、其の泉を號《なづ》けて、居醒泉《ゐさめがゐ》と曰ふ。〕〔景行紀四十年〕

胆吹山《いぶきやま》の荒ぶる神を征伐しに行った日本武尊は、立ち寄った宮簀媛《みやずひめ》の家に劔《つるぎ》を置いたまま素手で山に入って行った。山の神が大蛇の姿になって現れ、行路を妨害したが、日本武尊は「大蛇は神の使者だろう」と言い、しかも大蛇を跨《また》いで路を進んで行った。そこで、山の神は天候を悪化させ、日本武尊がそれ以上は進めないように邪魔をした。日本武尊は正気を失いそうになり、また酔ったような気分になったが、山の下にある泉まで行って水を飲んだ時にすっきり目が覚めた、という。

この話の冒頭に出ている宮簀媛とは、日本武尊が胆吹山に行く直前まで一緒にいた、尾張氏《おわりのうじ》の娘である。その娘の家に劔を置いて素手で山に行ったと説明されていることには、然るべき理由がある。

その劔は、さきにも言及した「草薙劔《くさなぎのつるぎ》」と呼ばれるものであり、日本武尊が東征の旅に出る前に、伊勢神宮にいる叔母《おば》の倭姫命《やまとひめのみこと》から授かった劔である。もともとは、「八俣《やまた》の大蛇《をろち》」の神話のなかで須佐之男命《すさのをのみこと》が大蛇の尾から取り出した、と語られている霊剣である。これは天照大御神を祭る伊勢神宮に献じられたものであり、日本武尊が手にすれば大変な武力を発揮する。しかし、宮簀媛の家にこの劔を置いて胆吹山に向かったために、その武力が発揮されず、日本武尊は山の神が与えた苦難を克服することができなかった。このあとで、日本武尊は次第に体力を失っていき、結局は絶命することになる。

多くの英雄伝説のなかでも最も高い文学性をもつ、と評される日本武尊伝説だから、話のさまざまな箇所についてさまざまな解釈が提示されている。しかし、大蛇の姿になって目の前に現れた山の神について、日本武尊が「是《こ》の大蛇は、必《ふつく》に荒ぶる神の使《つかひ》ならむ」（訓読文）と明言したことは、山の神を怒らせるのに十分な、ひどく無礼な行為であることは確かである。「大蛇は神そのものではなく、神の使いにすぎない」という意味の、誤った断定だからである。また、日本武尊がその大蛇を「跨《またこ》えて」進んで行ったというのも同様で、神に対する冒涜《ぼうとく》である。

山の神が事前に大蛇の姿になったのは、右にも述べたように、日本武尊に恐怖を与えるためだったろう。普通であれば、人々は大蛇をひどく恐れるからである。ところが、日本武尊にはそれもまったく効果がなく、しかも「大蛇は神そのものではなく、その使いにすぎない」と日本武尊は発言した。

「日本武尊」は『日本書紀』に見える表記であり、『古事記』では「倭建命《やまとたけるのみこと》」と表記されている。この皇子をめぐる両書の話には、構成・内容にそれぞれ大きい違いがある。しかし、個々の話題としては、両書に共通するものも少なからずある。特に、両書に描かれているこの皇子の行動には、父のことばを取り違えて事を起こしたり、その場で口にしてはならないことを口にしたり、右のように目にした事態を見誤って発言したりなど、失敗や勘違いが多い。人々によって、そのような迂闊《うかつ》な人物として造形された日本武尊だから、山の神が大蛇になって現れた意図も無効のまま終わった、という設定になっているのだろう。

第七章　英雄に退治される「八俣の大蛇」

「八俣《やまた》の大蛇《をろち》」とは

日本の神話・伝説のなかには、異形《いぎょう》の者や怪異な物がきわめて多く登場する。それらのうちでも、以上の論述でたびたび言及した「八俣の大蛇」という怪物は、その不気味さと恐ろしさとにおいて際《きわ》立っている。また、そのことと連動する現象だと思われるが、数多くある所伝の、大蛇に関する描写の相違もそれなりに複雑なものになっている。このような事実は、同神話が成立する過程で多くの人々の連想が活発に働き、それらが話のなかに組み込まれたことを示している。

この神話はかなりの長編なので、『古事記』に載っている話をいくつかに分割し、そのストーリーの展開について見ていこう。話の主人公は、怪物の犠牲になるはずの娘を救う須佐之男命《すさのおのみこと》で、至高神である天照大御神《あまてらすおおみかみ》の弟にあたる。*

*須佐之男命は、さきにも述べたように『日本書紀』では「素戔嗚尊《すさのをのみこと》」と表記されている。

A1（須佐之男命は）出雲国の肥河《ひかわ》の河上の、鳥髪《とりかみ》という地にお降りになった。この時に、箸《はし》がその河を流れ下った。そこで、須佐之男命は、人がその河上にいるのだとお思いになり、探し求めて上流へいらっしゃると、老夫と老女の二人がいて、童女を中に置いて泣いていた。そこで、（須佐之男命は）「お前たちは誰か」とお尋ねになった。老夫は、「私は、国つ神である大《おお》山津見神《やまつみのかみ》の子です。私の名は足名椎《あしなづち》と言い、妻の名は手名椎《てなづち》と言い、娘の名は櫛名田比売《くしなだひめ》と言います」とお答えした。また、「お前が泣いている理由は何か」とお尋ねになると、「私の娘はもと八人いましたが、高志《こし》の八俣の遠呂智《おろち》が毎年やって来て食ってしまいました。今また、それがやって来る時になりました。それで泣いているのです」とお答えした。

（出雲国の肥の河上、名は鳥髪といふ地に降りたまひき。この時、箸その河より流れ下りき。ここに須佐之男命、人その河上にありと以為《おも》ほして、尋ね求めて上り往《ゆ》きたまへば、老夫と老女と二人ありて、童女《をとめ》を中に置きて泣けり。ここに、「汝等《なれども》は誰ぞ」と問ひたまひき。故《かれ》、その老夫答へ言《まを》ししく、「僕《あ》は国つ神、大山津見神《おほやまつみのかみ》の子ぞ。僕が名は足名椎《あしなづち》と謂《い》ひ、妻の名は手名椎《てなづち》と謂ひ、娘の名は櫛名田比売《くしなだひめ》と謂ふ」とまをしき。また、「汝が哭《な》く由《ゆゑ》は何ぞ」と問ひたまへば、答へ白《まを》ししく、「我が娘は、本より八稚女《やをとめ》ありしを、この高志《こし》の八俣の遠呂智《をろち》、年毎《としごと》に来て喫《くら》へり。今そが来べき時なり。故、泣く」とまをしき。）〔神代記〕

天界から地上に降りて来た須佐之男命が河沿いに上流へ歩いて行くと、一人の娘を間に置いて老夫婦が泣いていた。事情を聞くと、老夫婦にはもと八人の娘がいたが、年ごとに怪物の犠牲になり、今また、残った櫛名田比売《くしなだひめ》が犠牲になる時季になったので、そのことを悲しんで泣いているのだ、と語った。

ここでは、訓読文の「八俣の遠呂智《をろち》」と「八稚女《やをとめ》」という表現に注目しておき、話の続きを読もう。

A_2 そこで、「（遠呂智《おろち》の）姿はどんな様子か」とお尋ねになると、「その目は赤かがちのようであり、体一つに八頭《やかしら》と八尾《やお》があります。また、その体には蘿《こけ》と檜杉《ひすぎ》が生えていて、その長さは谿《たに》が八つと峡《お》が八つにわたり、その腹を見れば、常に一面に血が出て爛《ただ》れています」と答えた。赤かがちというのは、今の酸漿《ほおずき》にあたる。そこで、須佐之男命が老夫に「このお前の娘を私に献上しないか」とおっしゃると、「恐れ多いことですが、お名前を存じません」とお答えした。「私は天照大御神《あまてらすおおみかみ》の同母弟である。今、天から降りて来たところだ」とおっしゃると、足名椎と手名椎は、「そうでいらっしゃるのであれば、恐れ多いことでございます、献上致しましょう」と申し上げた。

（ここに、「その形は如何《いかに》」と問ひたまへば、答へ白ししく、「その目は赤かがちの如くして、身一つに八頭《やかしら》八尾《やを》あり。また、その身に蘿《こけ》と檜杉《ひすぎ》と生え、その長《たけ》は谿八谷峡八尾《たにやたにをやを》に度《わた》りて、その腹を見れば、悉《ことごと》に常に血爛《ただ》れつ」とまをしき。ここに、赤かがちと謂《い》へるは、今の酸漿《ほほづき》なり。ここに須佐之男命、その老夫に詔《の》りたまひしく、「この汝が娘をば、吾に奉らむや」とのりたまひしに、「恐《かし》こけれども御名を覚《し》らず」

と答へ白しき。ここに、「吾は天照大御神の同母弟《いろと》なり。故、今天より降《くだ》りましつ」とのりたまひき。ここに、足名椎手名椎神、「然《しか》まさば恐《かしこ》し。立て奉らむ」と白しき。）

娘の父によれば、怪物は目が赤くて酸漿《ほおずき》のようであり、一つの体から八つの頭と八つの尾とが出ていて、体には苔《こけ》や檜《ひのき》や杉が生えているという。それだけでなく、体の長さは八つの谷と八つの尾根にわたるほどであり、腹は常に血が出て爛《ただ》れているという。須佐之男は娘の父に身分を明かしたうえで、この怪物の犠牲になるはずの櫛名田比売をもらい受けることになった。

怪物の姿を描写する表現は、その異形性と怪異性とを聞き手に強く印象づけるものになっている。酸漿《ほおずき》のような赤い目、身一つから伸びている八つの頭と八つの尾、苔・檜・杉などの生えた体、八つの谷と八つの尾根にもわたる長い身、常に血が出て爛れている腹部など、これ以上の描写は不可能だと思われるほどに異形性と怪異性とが強調されている。

これらの描写に共通しているのは、怪物がもつあり余る生命力である。赤い目は血液の色を反映するものだし、八つの頭と八つの尾も八匹の蛇の威力を併《あわ》せもつものだと言える。苔・檜・杉などが体に生えているというのは、ほかの物の生命も自分の身が引き受けていることを示すものであり、腹が常に血で爛れているというのも、自身の生命力が体外に溢《あふ》れ出ていることを示すものである。

『日本書紀』の所伝には、娘の父が怪物について、「彼《か》の大蛇《をろち》、頭毎《かしらごと》に各石松《おのおのいはまつ》有り。両《ふたつ》の脇《かたはら》に山有り。甚《はなは》だ可畏《かしこ》し」（訓読文）と述べる場面がある。「頭ごとに岩の上の松が生えており、その両側に山があって、ひどく恐ろしい姿をしている」というのである。描写が入り組んでいて、かえって具体的なイメージがわきにくい。この表現を、川が多くの谿谷をもつことを象徴するものだと説明している解説書がある。そうだとしても、やはり怪物の形相のすさまじさと余り溢れる生命力とを、強く印象づけるものであることに違いはない。

さきに注目した「八俣の遠呂智」「八稚女」に続いて、こちらの話の訓読文には「八《や》頭《かしら》八《や》尾《を》」「谿《たに》八《や》谷《たに》峡《を》八《や》尾《を》」などの語句が見える。

大蛇の退治と大刀の発見

怪物の具体的な形相を娘の父から聞き出すとともに、娘の櫛名田比売をもらい受けることにした須佐之男命は、さっそく怪物を退治するための準備に取りかかる。そして、やって来た怪物を斬り殺したあとでその尾を切り割き、なかに「草那芸之大刀《くさなぎのたち》」があるのを発見する。

A_3　そこで須佐之男命は、神聖な櫛に娘を変身させてそれを角髪《みづら》に刺し、足名椎と手名椎に「お前たちは八塩折《やしおおり》の酒を醸《か》み、また垣根を作りめぐらし、その垣根に八つの門を作り、門ごとに八桟敷《やさずき》を結《ゆ》い、その桟敷ごとに酒船《さかぶね》を置いて、船ごとに八塩折の酒を盛って待て」と命じた。それで、命じられたとおりに準備して待っている時に、その怪物が、本当に老夫が言ったとおりにやって来た。そして、船ごとに自分の頭を差し入れてその酒を飲み、そのまま酔ってそこに伏して寝込んだ。その時に、須佐之男命は、自分が帯びていた十拳劔《とつかのつるぎ》を抜いて、その蛇を斬り散らしたところ、肥河の水が血に変わって流れた。蛇の中の尾を切った時に劔の刃が欠けたので、変だとお思いになり、劔の先端で尾を切り開いて御覧になると、都牟刈《つむがり》の大刀《たち》が中にあった。それで、その大刀を取り出し、不思議な物だと思われて天照大御神に白し上げた。これは草薙《くさなぎ》の大刀である。

(ここに、速須佐之男命、すなはち湯津爪櫛《ゆつつまぐし》にその童女《をとめ》を取り成して、御角髪《みみづら》に刺して、その足名椎手名椎に告りたまひしく、「汝等《なれども》は、八塩折《やしほをり》の酒を醸《か》み、また垣を作り廻《もとほ》し、その垣に八門《やかど》を作り、門毎《ごと》に八桟敷《やさずき》を結《ゆ》ひ、その桟敷毎に酒船《さかぶね》を置きて、船毎にその八塩折の酒を盛りて待ちてよ」とのりたまひき。故、告りたまひし随《まにま》に、かく設け備へて待ちし時、その八俣の遠呂智《をろち》、信《まこと》に言ひしが如く来つ。すなはち船毎に己《おの》が頭を垂入《い》れて、その酒を飲みき。ここに、飲み酔ひて留まり伏し寝き。ここに速須佐之男命、その御佩《みは》かせる十拳劔《とつかのつるぎ》を抜きて、その蛇を斬り散《はふ》りたまひしかば、肥河血に変はりて流れき。故、その中の尾を切りたまひし時、御刀の刃毀《か》けき。ここに怪しと思ほして、御刀《みはかし》の前《さき》もちて刺し割きて見たまへば、都牟刈《つむがり》の大刀《たち》ありき。故、この大刀を取りて、異《あや》しき物と思ほして、天照大御神に白し上げたまひき。こは草薙の大刀なり。)

怪物を退治するにあたって、須佐之男命は櫛名田比売を櫛に変身させてそれを自分の髪に刺したという。これには、娘と一体となって大蛇と闘争するという意味があるのだろう。訓読文にある「八塩折《やしほをり》の酒」というのは、何度も醸《かも》した濃い酒のことである。これを怪物に飲ませるために、須佐之男命は娘の父に「酒船《さかぶね》」つまり酒樽《さかだる》を、八つ用意させた。そして、自分が立てた作戦のとおりに、酔って寝込んだ大蛇を斬り殺し、その尾から取り出した「草薙の大刀」という不思議な剣を、姉の天照大御神に献上した。

これまで何人もの娘を犠牲にして来た大蛇は、酒を飲んで寝込んだために斬り殺された。つまり、「のむ」という行為によって娘たちを殺してきた大蛇が、同じく酒を「のむ」という行為が原因で殺され、仕返しされた、という展開である。

さきにも述べたように、斬り殺された大蛇の尾から大刀が出て来たことは、説話的に解釈すれば、死んだ大蛇が新たな大刀に生まれ変わったということである。ここは、大刀で大蛇を斬り殺し、大刀でその尾を割いて、大刀をそこから取り出した、という入りくんだ話になっている。蛇と刀剣との関係が強く意識された結果である。

話の末尾に、大刀を取り出した須佐之男命はこれは不思議な物だと思って、天照大御神にそのことを申し出た、つまり大刀を献上した、とある。この大刀は、倭比売命《やまとひめのみこと》が倭建命《やまとたけるのみこと》に授けたと「景行記」にある「草薙劔」である。

須佐之男命が大蛇を退治するに至る話にもまた、「八塩折《やしほをり》の酒」「八門《やかど》」「八桟敷《やさずき》」などの、「八――」という語句が見える。同じような語句は、そのあとの話にもまだ出てくる。

須佐之男命が大蛇の難から櫛名田比売を救い出したあと、出雲に宮殿を建ててそこに櫛名田比売を住まわせることになる。その際に、須佐之男は次のような歌を詠んだ、という。*

B　八雲《やくも》立つ　出雲八重垣《やへがき》　妻籠《ご》みに　八重垣作る　その八重垣を

（〈八雲立つ〉出雲の八重垣。妻を籠もらせに八重垣を作る、その八重垣根を）

そして、須佐之男命は妻の父を宮殿の長に任命したうえ、これに「稲田宮主須賀之八耳神《いなだのみやぬしすがのやつみみのかみ》」という新しい名を与えた。このあたりの話に出ている「八雲」「八重垣」「八耳神」などもまた、「八――」という形式の語句である。

このように、「八――」という形式の語句が大蛇退治の神話に多く出ているのは、神話を語る者もそれを聞く者も、「八俣の遠呂智」と呼ばれる怪物に強い関心・緊張感をいだいたために、同じ「八――」という形式をもつ語句が話のなかで増殖したことによる、という指摘がある。そのとおりに違いない。

「垣」に具わる呪力

須佐之男命が老夫婦に「垣《かき》を作り廻《もとほ》し……」（訓読文）と命じたのには、それなりの背景がある。「垣」は現代語では「垣根」と言うが、それなりの背景というのは、この「垣」に対する当時の人々の考えかたである。垣根で囲んだ場所は一つの聖域であり、その内側には強い霊威が籠もると信じられた、と言われる。現代人でも、神社などにある垣根を見ると、それによって内側にあるものがしっかりと守られているという感じをいだくが、そのような感覚は上代の人々に特に強かったのである。

「垣」に与えられた独特の機能を明瞭に示すものとして、『日本霊異記』（九世紀の初めに成立）という仏教説話集に見える次の話を、ある研究者があげている。少し詳しく見ておこう。いつも鳥の卵を探し求めて歩き回り、それを煮て食っていた若い男が、仏によって厳しく罰せられて死んだ、という内容のものである。

C_1 天平勝宝《てんぴょうしょうほう》六年の、春三月のある日に、男のもとに知らない兵士がやって来て、男に「国

＊歌の初句の「八雲立つ」は、「多くの雲が沸き立つ」の意で、「出雲」に掛かる枕詞である。

の役人が呼んでいる」と告げた。兵士の腰のあたりを見ると、四尺ほどの木の呼び出し状があった。男が兵士について行くと、同じ郡にある山直《やまたえ》の里に着き、兵士が男を麦畑に押し入れた。畑の広さは一町余りあって、麦が二尺ほどに伸びていた。男の目には、それが燃える火のように見えて、（熱くて）足を絶え間なくばたばたさせた。そして、男は畑の中を走り回り、泣きながら「熱い、熱い」と叫んだ。

その時に、村人が山に入って薪《たきぎ》を拾っていた。走ったり転んだりして泣き叫ぶ男を見て、山から下りて来て、男を捕まえて引き留めようとしたが、男は抵抗したので村人は引き留めることができなかった。それでも、村人は無理に追いかけて男を捕らえ、畑の籬《かき》の外へ引っ張り出すと、男は地面に倒れ臥して静かになった。物も言わなかった。しばらくして正気に戻った男は、「足が痛い」と言った。

（天平勝宝《てんぴょうしょうほう》六年の甲午《きのえうま》の春三月に、知らぬ兵士来《きた》り、中男に告げて言はく、「国の司《つかさ》召す」といふ。兵士の腰を見れば、四尺の札を負へり。即ち副《そ》ひて共に往《ゆ》き、䊷《ひただ》郡内の山直《やまたへ》の里に至りて、麦畠《むぎばたけ》に押し入る。畠一丁余、麦二尺許生《ばかりお》ひたり。眼に欲《おきび》を見、足を践《ふ》み間《あひだ》むこと无《な》し。畠の内を走り廻りて、叫び哭《な》きて曰はく、「熱きかな、熱きかな」といふ。時に当《そこ》の村の人有り。山に入り薪《たきぎ》を拾ふ。走り転《まろ》びて哭き叫ぶ人を見て、山より下り来り、執《とら》へて引くに、拒みて引かれず。猶し強ひて追ひ捉へ、乃《すなは》ち籬《かき》の外より牽《ひ》きて出だすに、地に躃《たふ》れて臥し嘿然《ひそか》なり。曰《ものい》はず。良久《ややひさ》にありて、蘇《さ》め起《た》ち、然《しか》して病み叫びて言はく、「足痛し云々《うんぬん》」といへり。）〔中巻・第十縁〕

鳥の卵を探して煮て食っていた若い男のもとに、一人の兵士がやって来て「国の役人がお前を呼んでいる」と言った。兵士は男を近くの麦畑に連れて行き、畑のなかに男を押し込んだ。その途端に、男には火の燃えるのが見え、足が熱くてしかたがなくなった。泣き叫びながら走り回る男を見て、ある村人が男を強引に麦畑の「籬《かき》」つまり垣根の外へ引っ張り出した。男はそこに倒れ臥したまま何も言わなかったが、少し経つと「足が痛い」と言った、という。

ここまでの話の展開で、麦畑のなかで男が経験したことは仏の霊力が見せた幻想だろう、と推測することができる。そして、村人が男を無理に麦畑の外に引っ張り出すと男は静かになった、という説明によって、その推測はより確度の高いものになる。

「天平勝宝《てんぴょうしょうほう》六年」は、西暦の七五四年にあたる。それを信じれば、この話は奈良時代の末頃にあった話だということになる。兵士が腰に帯びていた木の呼び出し状というのは、国司の命令を記した木簡《もっかん》つまり木札のことである。

話の続きを見てみる。

C_2　山人が「なぜこのようなことになったのか」と問うと、男は「一人の兵士が、私を呼び出して連れて来て、火の燃えている中に押し入れた。足の熱いことは、まるで煮られているようだった。四方を見ると、自分が火の山に取り囲まれていて、外に出る所がどこにもなかったので、叫んで走り回ったのだ」と言った。これを聞いた村人が、男の袴《はかま》をまくり上げて脛《はぎ》を見ると、その肉は焼け爛《ただ》れ落ちてなくなり、骨が鎖《くさり》のようにつながっていた。その後、わずか一日経って男は死んでしまった。

（山人、問ひて言はく、「何の故にか然《しか》る」といふ。答へて曰はく、「一《ひとり》の兵士有り。我を召して将来《ゐきた》り、熘火《おきび》に押し入れ、足を焼くこと煮るが如し。四方を見れば、皆火の山を衛《めぐ》らし、出でむ間無きが故に、叫び走り回る」といふ。山人、聞きて、袴《はかま》を褰《かきあ》げて腨《はぎ》を見れば、腨の肉爛《ただ》れ銷《き》え、其の骨璅《ほねぐさり》のみ在り。唯逕《ただふ》ること一日にして死にき。）

やはり、火の燃えている所に自分がいるというのは、この男だけに見えた情景であり、足が熱く痛くてしかたがないというのも、この男だけが感じたことである。話のなかで、「足を焼くこと煮るが如し」（訓読文）と男が述べていることによって、それは男が鳥の卵を煮て食っていたことに対する直接の報いなのではないか、という推測が導かれる。

さらに、泣き叫びながら麦畑のなかを走り回っている、と村人に見えた男について、あとで実際に男の脛《はぎ》を見てみると、その肉が焼け爛れ落ちて骨だけになっていた、と説明されている。この説明は、話の聞き手や読み手に大きい衝撃を与えずにはおかない。しかも、それから一日経って男は死んだとも説明されているのだから、仏罰というものが聞き手に与える衝撃は、なおさら大きいものとなる。

既に述べたように、垣根で囲んだ場所は一つの聖域であり、その内側には強い霊威が籠もると信じられた。右に引用した『日本霊異記』の話では、男が押し入れられた麦畑が、仏の霊力に満ち満ちた領域だった。そのことは、麦畑の外へ引っ張り出されると男は静かになったとあることで、やはり十分に明らかである。

須佐之男命による大蛇退治の神話で、須佐之男が老夫婦に「垣を作り廻し……」と命じたのは、自分の霊威に満ちた垣根の内側に、大蛇のもつ八つの首を誘い込んで酒を飲ませ、自分の思うとおりにそれを斬り殺そう、という意図に基づくものだったのである。

登場者の名

ところで、須佐之男が大蛇の難から救い出した娘には、「櫛名田比売《くしなだひめ》」という名が与えられている。これは『古事記』に見える名だが、『日本書紀』では同じ名が、「神聖で霊妙な稲田の姫」の意を表す「奇稲田姫《くしいなだひめ》」となっている。それだけでなく、『日本書紀』の別伝には、修飾語の付いた「真髪触《まかみふる》奇稲田姫」という呼び名も見える。

修飾語の「真髪触る」は、枕詞的に「髪に触れる――奇《く》し」と掛かるように見える。しかし、『古事記』の神話でも『日本書紀』の神話でも、須佐之男命／素戔嗚尊がこの娘を櫛に変身させて自分の髪に挿す場面が描写されているから、「真髪触る」は「奇し」と同音の「櫛」にも掛かることがわかる。つまり、この名の「くし」には、字面どおりの「奇し」の意に「櫛」の意も重なっているのである。「櫛」は神聖で呪力のある道具として奈良時代の文献にしばしば出ており、それだけに「櫛」が「奇し」を連想させやすかったのだろう。

須佐之男命は娘の親に濃い酒を用意させておき、それを飲んで寝込んだ大蛇を斬り殺した。『日本書紀』の所伝のなかには、素戔嗚尊は大蛇に「汝は是可畏《これかしこ》き神なり。敢へて饗《みあへ》せざらむや」(訓読文)と呼びかけたうえで、濃い酒を大蛇の口ごとに注ぎ入れた、と述べているものもある。素戔嗚尊が呼びかけたことばは、「あなたは様は恐れ多い神です。どうしておもてなしをしないことがありましょうか」の意だから、酒を勧めるための、いわばお世辞である。

当時、酒のことを「くし」とも言い、酒を管理する者を「くしの司《かみ》」と呼んだ。だから、大蛇に酒を飲ませたことがこの神話に出ているのは、「奇し」「櫛」から同音の「酒《くし》」を連想したことによるものだ、と言われる。確かにそのように理解してよいだろうから、神話では三語の「くし」が重なっているわけである。「八——」という形式をもつ語句の多さには及ばないが、「くし」もまた小規模ながら増殖したことになる。

『古事記』の「櫛名田比売」の「なだ」は、『日本書紀』の「奇稲田姫」や、須佐之男命が娘の父に与えた名の「稲田宮主須賀之八耳神《いなだのみやぬしすがのやつみみのかみ》」などから判断すると、もと「稲田」の意だろう。「櫛」の末尾の母音・iと「稲田」の初頭の母音・iとが融合したかたちが、「櫛名田」と表記されたのだろう。

だから、「櫛名田」は口頭で発せられたかたちを単純に表記したものであり、「奇稲田」は話の内容を考慮して字を選択したものだろう。

娘の両親に与えられている名は、『古事記』では「足名椎《あしなづち》」「手名椎《てなづち》」であり、『日本書紀』では「脚摩乳《あしなづち》」「手摩乳《てなづち》」あるいは「脚摩《あしなづ》」「手摩《てなづ》」である。「足名椎《あしなづち》」「手名椎《てなづち》」と「脚摩乳《あしなづち》」「手摩乳《てなづち》」の末尾に位置する「ち」は神格を表す「霊《ち》」であり、この語はほかの多数の神名にも含まれている。『日本書紀』の名に用いられている「摩」は、「さする」「こする」などの意を表す字を、語義の近い「撫《な》づ」に充てたものである。両親の様子について、『日本書紀』の神話では、「中間《なか》に一《ひとり》の少女《をとめ》を置《す》ゑて、撫《かきな》でつつ哭《な》く」（訓読文）と描写されているから、「ち」を除く部分は、言うまでもなく「足撫《な》づ」「手撫づ」の意だと解釈できる。「手や足を撫でる」の意を表すわけだから、両親の名は説話的な背景を担う名である。

須佐之男命が斬り殺した怪物がもつ「八俣《やまた》の遠呂智《をろち》」という名だが、『古事記』の神話のなかでは、娘の父が「是《こ》の八俣《やまた》の遠呂智《をろち》」と呼んでおり、訓読文の別の箇所にも「其《そ》の八俣の遠呂智、信《まこと》に言ひしが如く来つ」とある。あとは、「その蛇を斬り散《はふ》りたまひしかば」という一例があって、そこでは単に「蛇」とだけ呼ばれている。この三例が、怪物をさす具体的な表現のすべてである。

多くの研究者が解説しているように、「をろち」はもともと「峰《を》ろ霊《ち》」で、「ろ」は「の」にあたる助詞である。だから、その「峰ろ霊」は「山の神」の意を表すことになる。神話の展開のなかで、怪物が姿を現すまでは「八俣の遠呂智」が大蛇であることは明かされず、須佐之男命がこれを斬り殺した場面で「蛇」であることが明かされる、という語りのうえでの工夫が見られる、と言われている。そのとおりであり、神話の聞き手は、「峰ろ霊」がどのような神なのか、具体的なことを知らないままで話を聞き続け、これが斬り殺される場面になってから、怪物が大蛇であることを知って驚くというのが、語り手の意図したことだったろう。

実際の表現に「八俣の遠呂智」とあるものを訓読文で「八俣の大蛇」と言い換えている『古事記』の解説書があるが、それは、もともとの語りの工夫を考慮しない措置である。*

蛇神をめぐる伝承の圧巻

見てきたように、須佐之男命が「八俣の大蛇」を退治する神話は、後世の説話には見られないような、さまざまな興味深い要素を含んでいる。また、語りのありかたにおいても、大蛇の異形性・怪異性に関する想像力・表現力はとび抜けており、大蛇を退治するに至る登場者の動きも細やかに描写されている。さらに、大蛇を斬り殺したあとの須佐之男命が、出雲に対する国讃《くにぼ》めのことばを発して歌を詠み、娘の父を宮殿の長官に任命したうえで多くの子をもうけるなど、この神話で語られる内容は実に豊富である。

こうしたことから、連綿と続く長い日本神話のなかでも、また少なからぬ数の古代の蛇伝承のなかでも、大蛇退治の話はまさに圧巻だと言える。

＊さきにあげた訓読文では、典拠としたものに「大蛇」とあった箇所を、本文のとおりに「遠呂智」に戻してある。

第八章　連想を呼ぶ「陰突き」と蛇神

「陰突《ほと》き」という話題

神話や伝説のなかには、「陰突《ほとつ》き」という表現で一括《いっかつ》することのできる話題が、たびたび出てくる。それは「何かの道具が女性器《ほと》を突く」という話題であり、既に取り上げた「丹塗矢伝説」や「箸墓伝説」などが、その話題を含む典型的な例である。「箸墓伝説」のように陰突きによって女が死んでしまう場合も、「丹塗矢伝説」のように陰突きが男女の交合を象徴するにすぎない場合も、ともにある。両伝説のどちらも、蛇神の大物主神が登場する「三輪山説話」なのだが、その蛇神をめぐる話が陰突きの話題を含むかたちになっている。

陰突きというのは現代人にとってきわめて異様なことであり、我々はそれに対して大きな違和感をいだかざるをえない。しかし、奈良時代の文献には、「丹塗矢伝説」「箸墓伝説」の二話のほかにも陰突きを含む伝承が見えており、それらの内容は二話とはかなり異なるものになっている。陰突きを含む伝承からは、当時の人々の、どのような発想のしかたや考えかたを読み取ることができるのか。

平安時代の『今昔物語集』には、女陰と蛇とが物理的に絡《から》む「蛇に嫁《とつ》ぐ女を、医師治《ぢ》する語《こと》」〔巻二十四・九話〕（↓次章）や、同じように男根と蛇とが絡む「蛇、僧の昼寝の閛《まら》を見、婬を呑み受けて死ぬる語」〔巻二十九・四十話〕などの話も見える。男根と蛇の頭部とが形状面で類似していることが、それらの話が成立した背景にあることは、改めて言うまでもない。

しかし、『古事記』『日本書紀』『風土記』などに見える、奈良時代の神話や伝説のなかには、女陰・男根と蛇とがそこまで具体的に絡む話は見あたらない。当時の人々の意識のなかでも、女陰と蛇とが、また男根と蛇とが、それぞれ結び付いていたはずだが、蛇には恐るべき神性・霊威が具わっていると人々は考えたので、それらが直接に深く絡む話を神話や伝説のなかで露骨に語ることは憚《はばか》られた、ということだろう。

古代人は性的なことがらに関しておおらかだった、と一般には言われている。確かに、神話や伝説の内容を見ると、そのように判断されるところも少なくない。しかし、その一方で、性的な話題は古代人にとってもやはり印象の強いものであり、それは内容によってはかなり衝撃的なものとして受け取られたのではないか、と推測せざるをえないところもある。そのような推測を導く現象が、陰突きの話題を含む神話や伝説に現れているのである。

まず、「丹塗矢伝説」を見てそのことを確認する。同伝説についてたびたび指摘されることだが、人間の女を見そめた大物主神が、赤く塗った矢に変身して溝を流れ下り、厠《かわや》で大便をしているその女に近づいて陰部を突いたというのは、神と女との交合を象徴する話題である。また、そのあとに語られている、陰部を突かれて驚いた女がその矢を家に持ち帰って床の辺に置いたところ、それがたちまち美男に変身して女と結婚したという話題は、神と女との結婚をそのまま述べたものである。つまり、「丹塗矢伝説」では、神と女との交合・結婚という話題が、二度にわたってくり返し語られている。話の内容から見て、そのくり返しは否定しえない事実である。語りがそのようなものになった理由・経緯については、研究者がさまざまな見解を提示している。

「丹塗矢伝説」は短小な話だから、これが成立した当初から同じような話題を二度にわたって語るかたちになっていたと想定するのは、かなり不自然なことである。話には語り手と聞き手がそれぞれ何人もいるのであり、同じような話題がくり返し語られていることに誰も気付かなかった、とは考えがたい。くり返しに気づけば、早い段階でどちらかの話題を削除することになったに違いないのである。だから、一般的に言えることは、矢が女の陰部を突いた話題と、その矢が美男に変身して女と結婚した話題のうち、どちらかが本来のものであり、どちらかがあとで話のなかに組み込まれたものだろう、ということである。研究者の多くも、そのような視点に立って自論を展開している。

ここで具体的に想定されるのは、次のような経緯である。つまり、蛇神と人間の女とが交合・結婚するという話題は、当時の人々にとっても特に印象の強いものだったろう、ということである。そのために、語り手あるいは聞き手が、一方の話題の内容を強く意識することになり、結果的にそれに類似する新たな話題を連想した。そして、新たに連想したことをあとで話のなかに組み込んだ。その結果、短小な話のなかで同じような話題がくり返し語られることになったのではないか。

蛇と人間とはもともと異類に属する存在だから、互いに結び付き得ないはずである。それだけでなく、その異類どうしの結び付きが交合・結婚という性的なものである点もまた、人々に強い印象と違和感とを与えたと考えられる。

「丹塗矢伝説」のなかでくり返される二つの話題は、確かに類似する内容をもつものだが、それぞれの実際の描写は異なる表現を用いて行われている。そのために、語り手にも聞き手にも、二つの話題は一連の話を構成する別の出来事として受け取られやすく、どちらも削除されないままに残ったのだろう。

赤は神を象徴する神聖な色だ、と当時は考えられた。だから、赤い色をした矢による陰突きは、すぐあとに描写される神と女との結婚を前触れ的に語るものだ、と人々は理解したのかも知れない。

別の「陰突き」

「丹塗矢伝説」に含まれる二つの話題の先後関係が問題になるが、それについてはあとで具体的に考えることにして、次には、同じく陰突きの話題を含み、かつ蛇神も登場する「箸墓伝説」について見てみる。第二章にあげたものと重複することにはなるが、同伝説の内容をここでも略述し確認しておく。

もともと蛇体をもつ大物主神に対して、妻である倭迹迹日百襲姫命《やまとととびももそひめのみこと》（倭迹迹姫命）が、その立派な姿を私に見せてほしいと夫に告げた。夫はその願いを聞き入れたが、同時に「私の姿を見ても、決して驚かないでほしい」と言った。しかし、あとで小蛇の姿になった夫を見て、妻は驚きのあまり叫び声をあげてしまった。それに恥じた夫はすぐに人間に変身し、妻に怒りのことばを残して、本拠地である「御諸山《みもろのやま》」つまり三輪山に登って行った。その様子を仰ぎ見た妻は、夫に与えられた禁を自分が破ったことをひどく後悔し、その場にすとんと座《すわ》り込んだ。その時に、そこにあった箸が陰部に突き刺さり、妻はそのまま死んでしまった、という。

夫が三輪山に帰って行った様子が、訓読文では「大虚《おほぞら》を践《ほ》みて、御諸山に登ります」と描写されている。「天空を踏み付けて、三輪山に登って行かれた」というのである。既に言及したことだが（→第二章）、「大虚《おほぞら》を践《ほ》みて」は、天空で音が響いたことから推測された夫の動作である。

具体的に言えば「雷鳴をとどろかせて」ということであり、それは、蛇神は雷神でもあると当時の人々が考えたことに基づく表現である。『万葉集』に見える、

A　天雲《あまくも》を　ほろに踏みあだし　鳴る神も　今日にまさりて　恐《かしこ》けめやも　〔十九・四二三五〕
（天の雲を勢いよく踏むことによって鳴る雷も、（天皇がいらっしゃる）今日よりも恐れ多いことがあろうか）

という歌にも表れているように、天にある雲を雷神が勢いよく踏むことによって生じる音が雷鳴だ、と当時の人々は理解した。歌にある「鳴る神」は、後世の「神鳴り」つまり「雷《かみなり》」と同じものをさすが、後世とは二語の結合の順序が逆になっている。*

夫が三輪山に帰って行く様子を仰ぎ見た妻について、訓読文には「仰ぎ見て、悔《く》いて急《つ》き居《う》」とある。改めて説明すると、夫の動作を「振り仰いで見て、後悔してその場にすとんと座り込んだ」ということである。**

「大虚《おほぞら》を践《ほ》みて」という夫の動作と、「急《つ》き居《う》」という妻の動作との間には、一見しただけでは何の共通点もないように思われる。しかし、実際のところはそうではない。これら二種の動作の内容についてよく考えてみると、どちらも、

B《身体の一部を急に下方へ動かし、そこにある物を勢いよく突く》

というように言い表すことのできる動作である。だから、二種の動作には、同じような話題をくり返すという、「丹塗矢伝説」と同様の語りのありかたが認められる、と言える。そしてまた、「丹塗矢伝説」について想定したように、同じような話題のうちの一方から受ける印象が強かったために、よく似たこととして他方の話題が連想され、その連想があとで話のなかに組み込まれた、と想定されるのである。

女がすとんと座り込んだ場所に箸があり、それが陰部に突き刺さって女は死んでしまった、という話の内容は、語り手・聞き手が男女のいずれであっても、彼らに衝撃的な印象を与えたに違いない。「大虚《おほぞら》を践《ほ》みて」という夫の動作と、「急《つ》き居《う》」という妻の動作のうち、死を招く点でより強い衝撃を与える妻の動作がもとから話に含まれており、それが語り手・聞き手の意識に鮮明に残り続けた。だからこそ、あとで「大虚《おほぞら》を践《ほ》みて」という同じような夫の動作が連想されることになり、それが結局は話のなかに組み込まれることになったのだろう。夫の動作をもとにして妻の動作を連想した、という逆の先後関係を想定するのは、不自然であり困難である。

＊歌の第二句にある「踏みあだし」の「あだし」には、その語義がどのようなものかについて諸説がある。

＊＊「急《つ》き」は「急に……する」「突然に……する」の意であり、「居《う》」は「座《すわ》る」「腰を下ろす」の意である。

この話の場合、類似し対応する二種の動作がそれぞれ別の身体部位を用いたものになっており、また当然のことながらそれらが別の表現を用いて描写されている。そのために、二種の動作は類似し対応するものだと聞き手は気づきにくく、話を構成する別の出来事として受け取りやすい。

ただし、このような想定に対しては、あるいは否定的な意見が出るかも知れない。「丹塗矢伝説」「箸墓伝説」の語りかたについてそのように想定するのは、安易であり見当違いではないか、という意見である。つまり、これら二つの話に含まれるそれぞれ二つの部分が、同じ話題を別の表現を用いて語ったものだと見るのは、あくまでも勝手な解釈にすぎない、ということである。こうした考えに立てば、偶然に成立した現象を一般的な現象だと思い込み、それに対して恣意的な意味づけを行っているだけだ、ということになる。

二つの伝説を見ただけのこの段階では、否定的な意見は妥当なものだとも言えないし、その意見は不当なものだとも言えない。少ない例に基づいて事を断定するには慎重を期さなければならない、という正論に従えば、むしろ否定的な意見に分《ぶ》がありそうである。

まだある「陰突き」

ところが、事実関係について結論を述べておくと、同じような話題を一話のなかでくり返し語るかたちになっている話は、それが陰突きの話題を含むか含まないかには関係なく、ほかにまだまだ実例がある。蛇神が登場し、かつ陰突きの話題を含む「丹塗矢伝説」「箸墓伝説」は、そうした語りかたが認められる諸例のうちの二話であるにすぎないのである。

そのことを確認するために、蛇神は登場しないが、やはり陰突きの話題を含む神話を見てみよう。それは、須佐之男命《すさのおのみこと》と天照大御神《あまてらすおおみかみ》との姉弟をめぐる話である。機織《はたお》りの際に、縦糸の間に横糸を通すために、左から右へ、右から左へと移動させる道具の梭《ひ》で、女神が誤って自分の陰部を突いて死ぬ、という内容のものである。「丹塗矢伝説」「箸墓伝説」に見られる話題のくり返しと少し異なる点はあるものの、やはり陰突きの動きと、それに類似する別のものの動きとが、ともに一話のなかで語られている。

『古事記』によると、乱暴者の須佐之男命が、皮を剝《は》いだ馬を、天の服屋《はたや》の屋根を壊してなかに投げ込んだ時に、服屋で機《はた》を織っていた服織女《はたおりめ》が驚き、棒状の梭で自分の陰部を突いて死んでしまった。その時のことは、「その服屋の頂《むね》を穿《うが》ち、天の斑馬《あまのふちこま》を逆剝《さかは》ぎに剝《は》ぎて堕《おと》し入るる時に、天の服織女《はたおりめ》、見驚きて、梭《ひ》に陰上《ほと》を衝《つ》きて死にき」と語られている。この出来事に恐れをなした姉の天照大御神は、すぐに石屋《いわや》に閉じ籠もった。太陽神である天照大御神が石屋のなかに姿を消し、世界が暗闇に閉ざされたので、神々は大いに困った、という。

服屋への馬の投げ込みと梭による陰突きとを語るこの話は、「天《あめ》の服屋《はたや》神話」と呼ぶことのできるものである。同じ神話の異伝を並べ掲げている『日本書紀』には、驚いた天照大神が梭で身を傷《いた》めたという所伝や、驚いた稚日女尊《わかひるめのみこと》が織機から落ち、梭で身を傷めて死んだという所伝なども見える。身を傷めたというのは、高貴な女神が陰部に損傷を負ったことを婉曲に表現したものである。身を傷めた服織女・稚日女尊は、天照大神の分身ともいうべき尊貴な存在である。

女神が梭で陰部を突いたという出来事と、そのことを誘発する原因となった、須佐之男命が屋根を壊して馬を服屋に投げ込んだという出来事とを、内容面から細かく比較し分析してみる。つまり、梭と馬という二つの物体の物理的な動きは具体的にどのようなものか、よく考えてみるということである。その結果、「天の服屋神話」のなかで語られている二つの出来事は、どちらも次のような動作を描写したものであることが明確になる。

C《ある物体を急に動かし、その勢いで別の物体に損傷を与える》

女神の場合は、驚きのあまり誤って梭を急に動かし、その勢いで陰部に損傷を負った。須佐之男命の場合は、悪行の末に服屋に勢いよく馬を投げ込み、その勢いで屋根が破損した。

このように、二つの出来事は類似する物理的な動きを描写したものだ、と見ることが可能である。つまり、ここでも語りは同じような話題をくり返すかたちのものになっている。ただし、同じような話題をくり返すとは言っても、二つの出来事を描写するにあたっては、急に動かす対象として別のものを持ち出し、かつ別の表現を用いている。

「天の服屋神話」について結論を先取りして言うと、皮を剥いだ馬が投げ込まれたという衝撃的な出来事がもとになって、驚いた女神が梭で陰部を突いたという話題が連想されたと思われる。馬の投げ込みという出来事がなければ、なぜ女神が梭で陰部を突くことになったのか、話の展開がまったく理解できないから、逆方向の連想関係を想定することは不可能である。

ここで、説明を「丹塗矢伝説」「箸墓伝説」に戻す。まず「丹塗矢伝説」では、既に見たように、蛇神と女との交合・結婚という話題をくり返し語るかたちになっている。また、「箸墓伝説」では、夫が天空の雲を足で踏み付けることを描写し、妻が床あるいは地面に尻餅《しりもち》を突くことを描写する、というかたちで同じような動作をくり返し語っている。それらの語りのありかたは、「天の服屋神話」のなかで、梭・馬によるよく似たCの動きをくり返し語っているのと同じである。*

「陰絶田伝説」に見える「陰突き」

陰突きの話題を含むものには、「陰絶田《ほとたちだ》」と呼ばれる土地にまつわる話もある。『播磨国風土記』

*「丹塗矢伝説」では陰突きが女の身に損傷を与えていない点で、「天の服屋神話」に見られる「陰突き」とはいささか異なる。

に見えるものであり、ここではそれを「陰絶田伝説」と呼ぶことにする。「天の服屋神話」と同様に、陰突きの話題を含むが蛇神の登場しない話である。

「陰絶田伝説」は、息長帯日売命《おきながたらしひめのみこと》つまり神功《じんぐう》皇后の威徳と霊威とを強調した話になっている。同皇后が訪れたこの土地では、いくつか不思議な現象が相次《あいつ》いで起こった、という。[*]

D　萩原の里。土質は中の中である。ここを萩原と名付けたのは、息長帯日売命《おきながたらしひめのみこと》が韓国《からくに》より帰還された時、御船をこの村にお泊めになった。一夜の間に萩が一株生えた。高さは一丈ほどだった。それで、萩原と名付けた。御井をお掘りになった。それで、針間井と言った。その場所は掘らなかった。また、罇《たる》の水が溢れて井戸ができた。それで、韓《から》の清水と名付けた。そこの水は、朝に汲み上げても使わなかった。そこで、酒殿を造った。それで、酒田と言った。酒を入れた船が傾いて干からびてしまった。それで、傾田《かたぶきた》と言った。米春女等《よねつきめら》の陰部を、陪従《おもとびと》が交合して傷つけた。それで、陰絶田《ほとたちだ》と言った。萩が多く生えた。それで、萩原と言った。人々がここに祭っている神は、少足命《すくなたらしのみこと》である。

（萩原の里。土は中の中なり。右、萩原と名づくる故は、息長帯日売命《おきながたらしひめのみこと》、韓国《からくに》より還《かへ》り上りましし時、御船、此の村に宿りたまひき。一夜の間に、萩一根《ひともと》生《お》ひき。高さ一丈《ひとつゑ》ばかりなり。仍《よ》りて萩原と名づく。即《すなは》ち御井を闢《は》りき。故《かれ》、針間井《はりまゐ》といふ。其の処は墾《は》らず。又、墫《もたひ》の水溢《あふ》れて井と成りき。故、韓《から》の清水と號く。其の水、朝に汲むに、朝に出でず。爾《すなは》ち酒殿を造りき。故、酒田といふ。舟、傾き乾《か》れき。故、傾田《かぶきだ》といふ。

米春女等《よねつきめら》が陰《ほと》を、陪従婚ぎ断《おもとびとくな》ちき。故、陰絶田《ほとたちだ》といふ。仍《すなは》ち、萩多く栄えき。故、萩原といふ。爾《ここ》に祭れる神は、少足命《すくなたらしのみこと》にます。）〔揖保郡〕

神功皇后とは、仲哀《ちゅうあい》天皇の皇后のことである。この皇后の旅に供奉《ぐぶ》した陪従《べいじゅう》らとの交合によって、米春女等《よねつきめら》の陰部が傷ついたという。そう語る部分に陰突きのことが出ており、訓読文に「米春女等《よねつきめら》が陰《ほと》を、陪従婚ぎ断《おもとびとくな》ちき。故《かれ》、陰絶田《ほとたちだ》といふ」とある。「陰絶田《ほとたちだ》」という地名の由来を、神性を具えた神功皇后の行動を持ち出して説明した話である。

話に出ている「米春女等《よねつきめら》」だが、この複合語に含まれる「春《つ》く」は、現代人もよく使う「突く」という動詞の一用法である。辞典で「舂く」を引いてみると、「きねなどの先で強く打っておしつぶしたり、穀物のからなどを除いたり、精白したりする」〔『日本国語大辞典』第二版〕の意だとあり、「舂女《つきめ》」は「臼で穀物をつく女」〔同〕の意だとある。わかりやすく言えば、「舂く」という動作は、「臼《うす》などの器《うつわ》に棒状の物を挿し入れ、なかにある穀物などを強く押す」の意を表すわけである。実際に、「舂《しゅう》」の字には構成要素として「臼」が含まれている。「米春女等」とは、そうした仕事を日常的に行っていた女らのことだろう。

＊話のなかには、表現があまりにも素朴で単純であるために、意味・意図のよくわからない箇所が複数ある。しかし、ここではそのことを追究しないことにする。

動物の血と植物の生長

ところで、このDの話を読んで思いあたることがある。それは、次にあげる二話が、Dの話が載っているのと同じ『播磨国風土記』に見えることである。

E　この地を讃容《さよ》と呼ぶのは、大神である妹妋《いもせ》（夫婦）の二柱が、競《きそ》って国を占有しようとされた時に、妻の玉津日女命《たまつひめのみこと》が、生きている鹿を捕えて押さえつけ、腹を割《さ》いてその血に稲を種《ま》いた。すると、一夜のうちに苗が生えた。それで、苗を取って土に植えさせた。その時に、夫の大神が、「お前は、五月夜《さよ》に植えたなあ」と言われ、すぐに別の所にお移りになった。それで、五月夜の郡《こおり》と名付け、妻の神を賛用都比売命《さよつひめのみこと》と名付けた。

（讃容《さよ》といふ所以《ゆゑ》は、大神妹妋《いもせ》二柱、競ひて国占《し》めましし時、妹玉津日女命《たまつひめのみこと》、生ける鹿を捕《と》り臥せて、其の腹を割《さ》きて、其の血に稲種《ま》きき。仍りて、一夜の間に、苗生《なへお》ひき。即《すなは》ち取りて殖《う》ゑしめたまひき。爾《ここ》に大神勅《の》りたまひしく、「汝妹《なにも》は、五月夜《さよ》に殖ゑつるかも」とのりたまひて、即《やが》て他処《あだしところ》に去りたまひき。故《かれ》、五月夜の郡《こほり》と號《なづ》け、神を賛用都比売命《さよつひめのみこと》と名づく。）　〔讃容郡〕

F　丹津日子《につひこ》の神が、「法太《ほうだ》の川の下流を、雲潤《うるみ》の方まで越えさせようと思う」と言った時に、その村にいらっしゃる太水《おおみず》の神が、「私は宍《しし》の血で田を作る。だから、河の水は必要ない」と言ってお断りになった。その時に、丹津日子は、「この神は、河を掘ることを倦《う》み（嫌がって）そう言ったにすぎない」と言った。それで、「倦《う》み」つまり雲弥《うみ》と呼んだ。今の人は、雲潤《うるみ》と呼ぶ。

（丹津日子《につひこ》の神、「法太《ほふだ》の川底を、雲潤《うるみ》の方に越さむと欲《おも》ふ」と爾云《しかい》ひし時、彼の村に在《いま》せる太水《おほみづ》の神、辞《いな》びて云《の》りたまひしく、「吾は宍《しし》の血を以て佃《たつく》る。故《かれ》、河の水を欲《ほ》りせず」とのりたまひき。その時、丹津日子云ひしく、「此の神は、河を掘る事に倦《う》みて爾いへるのみ」といひき。故、雲弥《うみ》と號《なづ》く。今人《いまひと》、雲潤《うるみ》と號《なづ》く。）〔賀毛郡〕

地名の由来に関する説明を除けば、Eの話は、鹿の腹を割《さ》いてその血に稲を播《ま》いたら一夜で苗が生えたというものであり、Fの話は、「宍《しし》」つまり動物の血で田を作るから河の水は必要ないと神が言った、というものである。二話に共通するのは、稲などの植物を植える際には、水を用いるよりも動物の血を用いたほうが成長はずっと早い、という考えのようである。生き物の血には植物を早く成長させる作用がある、と人々は考えたに違いない。

二話のうちEの話については、動物の血と、稲あるいは田と、一夜での苗の成長の、三つの要素の結び付きが確認できる、という指摘がある。Fの話の記述には、三つのうち最後の要素が欠けているが、動物の血を用いたほうが成長が早いから水は必要ないというのが太水《おおみず》の神の返答だろうから、内容的にはEの話と同じである。

Eの話に三つの要素の結び付きが確認できる、というのは興味深い指摘である。なぜなら、それはDの「陰絶田伝説」にもほぼあてはまると考えられるからである。まず、稲あるいは田は、Dの話に出ている「米春女等」に対応するように思われる。ただし、こちらは、稲を成長させる話ではなく、できた米を食するために「米春女等」が手を加える話になっている。

また、動物の血は、陪従らと交合した時に「米春女等」の陰部から出たはずの血に対応するように思われる。Dの話では、「米春女等」の陰部から出血したとは語られていないが、それは文献の記述のしかたにすぎないと見てよいだろう。出血しない程度の軽微な損傷を陰部に負ったことを、あえて「婚《くな》ぎ断《た》ちき」と表現したとは想定しにくいのである。まして、そうした軽微な損傷を負ったことに基づいて、当地の人が「陰絶田」という地名を構成したとも想定しにくい。記述に「断つ」が、地名に「絶つ」が、それぞれ用いられている以上、陰部に負った損傷は軽微なものだったとは思われないのである。

一夜で植物が生えたという事態は、Dの話の前半部に「御船、此の村に宿りたまひき。一夜の間に、萩一根《ひともと》生《お》ひき」（訓読文）と述べられており、また地名を「陰絶田」としたという説明に続いて「仍《すなは》ち、萩多く栄えき」（同）と述べられていることに内容的に対応する、と理解することができる。だから、Dの話の「米春女等《よねつきめら》が陰《ほと》を、陪従《おもとびとくな》婚ぎ断《た》ちき。故、陰絶田《ほとたちだ》といふ。仍《すなは》ち、萩多く栄えき」という訓読文の表現では、陰部に損傷を負ったことと、萩が多く栄えたこととの間には、「それが原因で」の意の、明確な因果関係があると見るべきだろう。神功皇后の威徳と霊威とがもたらした、不思議な現象の一つである。

このように、三つの要素の結び付きがDの話にもほぼ認められるとすれば、同話と動物の血に関するE・Fの三話とは、古い時代に行われていた供犠《くぎ》の伝統を反映するものだ、と考えることができるのではないか。Dの話に関して想定される人間の血と、E・Fの二話に語られている動物の血との違いは、確かに小さいものではない。しかし、それらは神に生贄《いけにえ》を捧げたことによって豊穣・繁栄がもたらされたという、人々の過去の記憶を伝えるものだ、とここでは理解しておきたい。それ以上の追究を行うことは、資料がないために無理だからである。

「陰突き」の際の動き

D・E・Fの三話に反映する過去の儀礼は、Bの「箸墓伝説」やCの「天の服屋神話」などの内容とは直接の関係がない。ここで確認したいのは、B・Cの二話とDの話とに出ている、三種の陰突きの話題である。

さきに確認した、同じような話題を別の表現を用いてくり返すという現象は、実はDの話にも認められる。その現象を含むのは、まさに陰突きのことを語る「米春女等《よねつきめら》が陰《ほと》を、陪従婚《おもとびとくな》ぎ断ちき」という一文である。同じような話題のくり返しがこの短い一文のなかに含まれている点が、以上で見た諸話に見られるくり返しの様態とは少し異なる。
「陰《ほと》を……婚《くな》ぎ断《た》ちき」は、そのまま地名に含まれる「陰絶《ほとたち》」に相当する。そして、特に重要だと考えられるのは、「陰《ほと》を……婚《くな》ぎ断《た》ちき」という陪従らの動作の対象になった相手がほかならぬ「米春女等」だ、という点である。
この場合に、見逃してはならないことがある。それは、女らが日常的に行う「舂く」という動作と、陪従らによる「婚《くな》ぎ断ち」「陰絶《ほとた》ち」という動作との間に、次のような内容的な共通性が認められることである。

D《狭い空間に棒状の物を挿し入れ、その奥にある部分または物体を勢いよく突く》

女らと陪従らとによってくり返されるこの動きは、さきに見た、Bの「箸墓伝説」やCの「天の服屋神話」などに見られる、くり返し行われる物理的な動きに酷似している。そのことをより明瞭にするために、さきにB・Cの動きを表すものとしてまとめた文を、再び次に引用しておく。

B《身体の一部を急に下方へ動かし、そこにある物を勢いよく突く》
C《ある物体を動かし、その勢いで別の物体に損傷を与える》

B・C・Dの三項にまとめた動きは、「丹塗矢伝説」に語られている矢の動きと、矢から変身した美男の動きともまた、互いに酷似するものになっている。陰突きという同じ話題を含む四話のなかで、二度ずつくり返されている同じような話題は、そこで描写されている物理的な動きにおいても酷似しているのである。

問題の「陰絶田伝説」の場合、陪従らと女らとの交合によって陰部が損傷を負ったわけだが、棒状の物で「舂く」ことによって穀物などの本来の形状もまた、同様に変化するし損なわれもする。「婚《くな》ぎ断ち」「陰絶《ほとた》ち」と「舂く」とは、その動きによって生じる物理的な結果においても対応し類似しているのである。

「丹塗矢伝説」の訓読文に「その美人の富登《ほと》を突きき」とあり、「箸墓《はしはか》伝説」のそれに「陰《ほと》を衝《つ》きて……」とある。さらには、「天の服屋神話」のそれにも「梭《ひ》に陰上《ほと》を衝《つ》きて……」とある。「突く」「衝く」は、用いられている表記こそ異なるが、「陰絶田伝説」に見える「米舂女等」の「舂く」と同じ動詞であることを、ここで再確認しておかなければならない。

話の具体的な検討を、こうして四話にまで押し進めてくると、次のようなことが明らかになる。「丹塗矢伝説」に見られる、交合・結婚という同じような話題のくり返しは、特異で個別的な現象では決してなかった、ということである。同じような話題が一話のなかでくり返され、しかもそれぞれの話題を語るのには当然のことながら別々の表現が用いられるというのは、奈良時代の文献に見える神話や伝説おいて、それなりの広がりをもつものだった。言い換えれば、それは当時の伝承に見られる特徴的な語りのありかただったのである。

「陰突き」と女の死

男女の交合・結婚を表す同じような話題を、一話のなかでくり返し語るのが、「丹塗矢伝説」である。この話を、女が誤ってみずから陰突きを行うB・Cの二話と比較すると、次のようなことが考えられる。

つまり、「箸墓伝説」に見られる動きをまとめたBの項や「天の服屋神話」に見られる動きをまとめたCの項は、男の動きと女の動きの双方を含み込んでいる。具体的に言えば、Bの項は、「大虚《おほぞら》を践《ほ》みて」という夫の動作と、「急《つ》き居《う》」という妻自身による陰突きとを、まとめて表現したものである。また、Cの項は、須佐之男命による馬の投げ込みと、梭による女神自身の陰突きとをまとめて表現したものである。だから、B・Cの二項は、男女の交合の際の動きを含むものではない。しかし、その二項の表現は、「丹塗矢伝説」で語られているのと同じ、男女による交合の際の動きと酷似する表現になっている。このことは、どのような道具による陰突きでも、その発想のもとになっているのは男女の交合の際の動きなのだ、ということである。

こうしたことから判断しても、男女の交合についての認識・印象は、当時の人々にとっても相当に強いものだったようである。だから、古代人は性的なことがらについておおらかだったというのは、やはり事を単純化しすぎた言いかただということになる。

「箸墓伝説」「天の服屋神話」の二話の記述は、女が陰部に損傷を負ってそのまま死んだと読めるものになっている。二話のほかには、火の神を出産したために伊邪那美命《いざなみのみこと》が陰部を焼かれて死に、結局は死者の住む黄泉国《よみのくに》に行ってしまう、という話がある。この女神は陰部を焼かれて病臥の状態に陥ったが、女神が苦しみながら嘔吐した物や排泄した糞尿などから多くの神々が生まれ出た、と語られている。火の神の出産は物体が体内から体外へ出たことを述べたものであり、体外にある物体が体内へ向かう動きをとったことを述べた陰突きとは、まったく正反対の事態である。しかし、陰部に損傷を負って女が死んでしまう点では、「箸墓伝説」「天の服屋神話」と基本的に同じである。

箸や梭による陰部の損傷はどの程度のものだと語り手・聞き手に認識されたのか、もちろん不明である。しかし、「箸墓伝説」「天の服屋神話」の二話を、伊邪那美命が火の神を出産した話と比較すると、気になることが出てくる。それは、二話のなかには、陰部に損傷を負った女が苦しんだとか痛がったとかという説明がまったくなく、女がその場でただちに死んでしまったと理解できる、そっけない語りかたになっていることである。陰部に損傷を負うこととその女の死とが前提的に結びついているかのような印象を、二話から受けるのである。まして、当該の二話を、陰部に損傷を受けた女らが死んだとは語らない「陰絶田伝説」と比較すると、二話についてそのような印象をさらに強くするのだが、それはなぜなのか。

古い神話や伝説を、現代の我々が読んでいるようなものへと整理した人物、あるいはそれらを文字化し編集した人物のなかには、女よりも男のほうがずっと多く含まれていたに違いない。従って、古い伝承の内容や語りのありかたには、男の考えかたや男特有の論理が反映しやすかった、という状況が想定できる。陰部に損傷を負った女が死ぬというのは、そのような事態に遭遇した女は男と肉体的な関係をもつことがただちに不可能になるのだ、という男のがわの考えかたや論理を、象徴的に表現したものではないか。

そうだとすれば、女が死ぬという象徴的な表現は、きわめて常識的で現実的な把握に基づくものだということになる。伊邪那美命が火の神を出産して結局は死んでしまうというのも、同じ発想から生まれた設定だろう。*

同じ話題のくり返し

同じ話題のくり返しは認められるが、なかに陰突きのことを含まず蛇神も登場しない、といった神話・伝説ならば、ほかにまだ数話をあげることができる。それらを引用・検討することは、論述が蛇神をめぐる伝承から逸《そ》れることになるから、ここでは割愛する。

しかし、陰突きのことも蛇神も出ていないその数話について、ここで事実関係だけは確認しておかなければならない。陰突きという、特異で変則的な出来事ではなく、男女が普通に交合することを描写した話がその数話のなかに含まれており、またそのほかに、神が死ぬことを描写した話も含まれている。つまり、男女が交合する話や神が死ぬ話に、同じような話題をくり返すという語りのありかたが集中的に表れているのである。この事実は、果たして何を背景として導かれたものなのか。

その背景を要約的に説明すれば、陰突きや交合という事態も神の死という事態も、ともに語り手や聞き手にとってきわめて印象の強いものであり、それらは時には衝撃的なものでさえあっただろう、ということである。特に、神話は言うまでもなく個々の伝説もまた、過去に実際に起こったことを今に伝えるものだ、と多くの人々は理解していた。だから、神話・伝説のなかで語られる、男女の交合や神の死は、現代人が想像する以上に強い印象を人々に与えたはずである。

くり返し語られる話題が、さきに述べたような連想の過程を経て成立したと考える際には、ぜひとも確認しなければならないことがある。それは、後次的に話のなかに組み込まれた話題を除

*「箸墓伝説」のなかで、小蛇の姿になった大物主神をその妻が見たと語り手が述べた時点で、何らかの原因によって妻が死ぬことが決定づけられたのだろう、と第二章で述べた。そのこととここで述べたこととは矛盾するものではない。

去し、もとからあった話題をそのまま残した場合に、果たして話は成立するのか、ということである。後次的に組み込まれた話題を除去すると話がまともに成立しなくなる、というのであれば、除去した話題は話を構成する要素として不可欠のものであり、もとから話に含まれていたものだ、と理解しなければならない。その点について、さきに検討した、陰突きの話題を含む四話はどうなのかを、改めて確認しておく。

「丹塗矢伝説」について、交合・結婚を語る話題がくり返されていることを、研究者らがたびたび指摘してきた。そのくり返しは、異なる内容をもつ二話を統合したために生じたのだ、とする考えかたが優勢である。さらに一歩踏み込んで、矢の陰突きを語る素朴な話が本来のものだ、という考えかたもある。しかし、どの考えかたを採用するにせよ、同じような話題がくり返されていることを事実として認めるかぎりは、一方の話題が本来のものであり、他方のそれが後次的なものだと見なければならない。

「丹塗矢伝説」の場合は、床の辺に置いた矢が美男に変身して女と結婚したという話題が本来のものだろう。矢が女の陰部を突いたという話題は、話の冒頭には出ているものの、後次的に組み込まれたものに違いない。神の変身した矢が女のいる所へ流れて来たという類話はほかに複数あるが、その矢が陰部を突いたという話題はそれらの類話には見あたらない。流れて来た矢を女が持ち帰って家のなかに置いておいたところ、あとで子が生まれた、というかたちで交合・結婚を遠回しに語るのが、類話のありかたである。交合・結婚を遠回しに語るだけで、話は十分に成立する。矢による陰突きの話題は不可欠なものではないというよりも、むしろ例外的なものである。

また、「箸墓伝説」に語られている夫の動作と妻の動作とでは、陰突きと妻の死とを同時に語る話題のほうが、ずっと印象的で衝撃的である。だから、妻に関する話題がもとになって、同じような夫の動作が連想され、あとで話のなかに持ち込まれた、と考えられる。陰突きと妻の死とを語りさえすれば、天空での夫の動作を語らなくても、話は十分に成立する。「自分が与えた禁を妻に犯された夫は、妻に怒りのことばを残して三輪山に帰って行った」ということを語るだけで、聞き手は納得しただろう。

「天の服屋神話」については、皮を剥いだ馬を、須佐之男命が屋根を壊して服屋に投げ込むという事態と、女神自身が梭で陰突きを行って死ぬという事態とでは、受ける印象はどちらも相当に強いものである。その点では、どちらの話題が本来のもので、どちらの話題が後次的なものかは、明確に判断することができない。しかし、既に述べたように、馬を投げ込むという話題が話に含まれていなければ、陰突きという事態が生じた理由が、語り手にも聞き手にも理解できない。だから、陰突きの話題は馬の投げ込みの話題から連想されたものだろう、と想定することができる。

「陰絶田伝説」では、神功皇后の陪従らが女らと交合して「陰《ほと》を、婚《くな》ぎ断《た》ち」した、というのが本来の語りだっただろう。そして、交合の際の動きから類似した動きを表す「突く」つまり「春く」を連想し、話のなかに「米春女等」を後次的に組み込んだのだろう。当初の話としては、陪従らが女らと交合して「婚ぎ断ち」という事態が生じたとだけあって、陪従らの相手が「米春女等」だとは限定されていなかったに違いない。

こうして、さきに取り上げた四話については、くり返し語られる二つの話題のうちの一方を除去して他方のそれだけを残しても、話は十分に成立する。一方の話題から他方の話題が連想された、と想定することは可能である。

似た話題を連想すること

話の成立に関与した人物が、既に話に含まれている話題をもとにして、それに似た内容の話題を新たに連想し、連想した話題を結果的に話のなかに持ち込む。そのような経緯を、同じような話題が一話のなかでくり返し語られていることの理由として、以上の論述でたびたび想定した。しかし、そうした想定を何の根拠もなく融通無碍《ゆうずうむげ》に行った、というわけではない。奈良時代の文献に頻繁に見られる修辞のありかたが、想定の一つの根拠になっている。

修辞のありかたというのは、無文字の社会つまり口承の時代に生まれ、奈良時代に文字化された文学作品にまで継承されている、枕詞《まくらことば》や序詞《じょことば》の類の用法をさす。一話のなかで同じような話題がくり返される現象と枕詞や序詞の類の用法とは、どのような関係にあるのか。

単純に言うと、どちらも、一方のものから他方のものを新たに連想し、新たに連想したものをもとの文脈に組み入れる、という点で共通している。
『万葉集』の歌を取り上げて、まず序詞の用法を見てみる。

G　春去者《はるされば》　先鳴鳥乃《まづなくとりの》　鸎之《うぐひすの》　事先立之《ことさきだちし》　君をし待たむ　〔十・一九三五〕

（春になって真っ先に鳴く鳥である鶯、そのように先に私に声を掛けたあなたからの連絡を待っていましょう）

「春されば……鸎《うぐひす》の」の三句が序詞であり、それが、本旨つまり作者が特に言いたい「言《こと》先立ちし君をし待たむ」を導入している。そのことを少し詳しく説明すると、第一句・第二句の表現にあるように、「鸎」は春を迎えて真っ先に鳴く鳥である。それを序詞の末尾に置くことによって、「（あなたが私に）先に声を掛けた」の意を表す「言先立ちし」を、内容面で導入する表現に仕立てた、というわけである。

「言先立ちし」という相手の行動を描写する前に、春になって真っ先に鳴く鳥を歌の作者が連想し、それを歌の前半に置いた。だから、作者が特に言いたい本旨の表現・内容が先にあり、それから序詞が連想された、という関係にある。あとで連想された序詞は、内容的に本旨に類似するものになっているが、それは本旨の表現とは異なっている。

次も序詞の例である。*

H　天飛《あまと》ぶや　軽《かる》の社《やしろ》の　斎槻《いはひつき》　幾代《いくよ》まであらむ　隠嬬《こもりづま》そも　〔十一・二六五六〕

（〈天飛ぶや〉軽の社の地に生えている斎槻のように、いつまでこうして籠もり妻でいることか）

女が詠んだと思われるこの歌では、「天飛《あまと》ぶや……斎《いは》ひ槻《つき》」の三句が、序詞として四句以下の表現を導入している。序詞の末尾に置かれた「斎《いは》ひ槻《つき》」は、神聖である故に人が触れてはならない槻の木つまり欅《けやき》をさす。また、第五句の「隠《こも》り妻」という本旨の語は、人に知られてはならない間がらにある妻をさす。そのような内容面での共通性が、歌の前半にある序詞と後半にある本旨とを、強く結び付けている。

「斎《いは》ひ槻《つき》」と「隠《こも》り妻」とは表現が異なっているが、本旨の「隠り妻」をもとにして、似たような状況にある「斎ひ槻」を連想し、新たに連想された「斎ひ槻」を、「隠り妻」を導入する序詞の末尾に置いたのである。

今度は枕詞の用法を見てみる。

I　窺良布《うかねらふ》　跡見山雪之《とみやまゆきの》　いちしろく　恋ひば妹《いも》が名　人知らむかも　〔十・二三四六〕

（〈うかねらふ〉跡見山の雪のように、目立つような恋をしたら彼女の名を人が知ってしまうだろうか）

この歌では、「じっと見ていて獲物を狙《ねら》う」の意の「うかねらふ」が、「跡見山《とみ》」の「跡見」に掛かる枕詞になっている。枕詞の「うかねらふ」を承ける「跡見《とみ》」は、狩猟に関して用いられた語である。『万葉集』の解説書や辞書などに見える説明をまとめれば、「跡見」は「鳥獣が通ったあとを見て、それが通った時間やそれが今いる場所などを判断すること。また、それを行う役の猟師」の意である。

歌の作者が、「跡見」という本旨の語から、それと類義をもつ「うかねらふ」という動詞を連想し、それを「跡見」という名詞を導入する枕詞とした。「うかねらふ」と「跡見」とは、類義の語だが音韻面ではまったく異なっている。

韻文と散文とに共通する現象

序詞・枕詞を用いるにあたっては、本旨に用いようとする特定の語が前もって作者の脳裏にあり、それを歌の文脈に修辞的に導入するために、内容面で類似する別の語を連想する、というの

＊第一句の「天飛ぶや」は地名の「軽」に掛かる枕詞であり、ここは両者の関係を「天を飛ぶ――雁」と見なしたものである。

が第一段階である。そして、新たに連想したその語を、文脈に一致するかたちに仕立てたうえで、本旨に用いる特定の語の前に組み入れる、というのが第二段階である。こうした過程は、既に話に含まれている話題から、それによく似た内容の話題を連想し、連想した話題をあとで話のなかに組み込む、という過程によく似ている。

神話や伝説では、あとから連想された話題が、もとからある話題のあとではなく前に組み込まれることが普通である。これは、本旨を構成する表現の一部として歌のなかに詠み込むべき語の前に、あとから連想された序詞・枕詞が修飾語として置かれる、という事態に吻合《ふんごう》する。

このように、韻文に見られる序詞・枕詞の用法と、散文に見られる、同じような内容の話題をくり返す語りのありかたとは、それらが成立する過程において互いに共通するものだと考えてよい。序詞・枕詞の用法については古くから多くの研究が積み重ねられてきているが、類似の用法が散文にも見られることは注目されてよい。

終章　神性・霊威を失っていく蛇神たち

奈良時代の末の蛇伝承

その怪異性や恐ろしさにおいて比類ない「八俣の大蛇」でさえ、勇猛な須佐之男命の計略にはまって斬り殺された、と語られている。また、家門を滅ぼし子孫を絶やすと恐れられた「夜刀の神」や、棲処《すみか》に近づく人々をその毒気によって殺した「虬」などの蛇神も、武力と勇気とを併《あわ》せもつ男に制圧され退治された、と語られている。神と呼ばれ、畏怖の対象となった動物も、結局は高貴な神や英雄的な人物によって排除されることになるのだ、というのが人々の論理である。

そうした論理をより露《あら》わにしたのが外来の思想であり、なかでも六世紀の中頃に日本に伝来したと言われる仏教思想は、日本人の考えかたに圧倒的な影響を与えた。奈良時代に国営の寺院が多く建立されるようになり、仏教の深い思想が人々の間に浸透して行くにつれて、日々の生活や行動に大きな変化が生じた。不思議で霊妙なことは仏の意図・霊力によって起こるのだ、という理解の前では、蛇神のもつ神性・霊威は急速に薄れていき、やがてはそれがほとんど失墜してしまうことになる。

そのような考えかたの変化を反映する、蛇神をめぐる古い伝承は実は数がひどく少ない。しかし、本書の終章としてのこの章では、できるだけ具体的にその変化の様相を見ていくことにしたい。日本最初の仏教説話集である『日本霊異記』（九世紀の初期に成立）には、上・中・下の三巻に一〇〇話を超える数の説話が収められている。その一〇〇余話のなかに、蛇神・蛇の登場するものが何話か含まれている。それらの話を読むと、蛇神がまだ神性・霊威を保っていることを示すものと、それをすっかり失ってしまったことを示すものとがある。また、両者の中間段階に位置すると考えるべき内容のものもある。ということは、話の内容を細かく比較すれば、蛇神・蛇に対する人々の意識や観念が時代的に変遷するさまをそれなりに読み取ることができる、ということである。蛇神・蛇のもつ神性・霊威に対する畏敬の念が次第に薄れていき、やがては、四足動物とは形態のひどく異なるこの生き物に対して、人々が不気味さと嫌悪感とを覚えるだけになる、といった流れである。その流れは、『日本霊異記』に見える説話と平安時代の『今昔物語集』に見える説話とを比較することによって、さらに明瞭なものになる。

蛇神・蛇のもつ神性・霊威に対する畏敬の念が、古い『古事記』『日本書紀』『風土記』などに見える神話・伝説ほどではないにしても、人々の心にまだそれなりに残っている、と判断される『日本霊異記』の話を、まず見てみることにする。その話の冒頭近くに「聖武《しょうむ》天皇代」と明記されているから、八世紀の前半にあった出来事を語るものだということになる。

信心深く、また慈悲深い女が、大きな蛙《かえる》を飲み込もうとしている大蛇と交渉を続け、結果的に蛙の命を救うことができたという場面を、長い話のなかから切り取って次にあげる。

A_1　女が山に入って行くと、大きな蛇が大きな蛙《かえる》を飲み込もうとしていた。女は蛇に「この蛙を私に与えて下さい。沢山の供《そな》え物を差し上げます」と懇願した。蛇はそれを承知しなかった。女はさらに供え物を集めて、「あなた様を神としてお祀《まつ》りしましょう。どうか、私の申し上げるとおりにして下さい」と頼んだ。蛇はそれでも承知せずに、蛙を飲み続けようとした。女はさらに、「この蛙を私に下さる代わりに、私を妻にして下さい。どうか、蛙を私に下さい」と蛇に言った。すると、蛇は承知し、高く頭をもたげて女の顔を見つめてから、蛙を吐き出した。女は「今日から七日後にまたおいで下さい」と蛇に告げた。

（山に入りて見れば、大きなる蛇、大きなる蝦《かへる》を飲む。大きなる蛇に誂《あつら》へて言はく、「是《こ》の蝦を我に免《ゆる》せ。多《あまた》の幣帛《みてぐら》を賂《まひなひ》し奉《まつ》らむ」といふ。聴《ゆる》さずして呑《をし》めり。女、幣帛を募《つの》りて、祷《いのり》して曰《い》はく、「汝を神と為《し》て祀《まつ》らむ。幸に乞《ねが》はくは我に免せ」といふ。聴さずして猶《なほ》し飲む。又蛇に語りて言はく、「此の蝦に替《か》へて、吾を妻と為《せ》む。故、乞《いで》我に免せ」といふ。蛇乃《すなは》ち聴し、高く頭頸《かしらくび》を捧げて、女の面を瞻《み》、蝦を吐きて放つ。女、蛇に期《ちぎ》りて言はく、「今日より七日経て来《こ》」といふ。）　〔中巻・十二縁〕

蛙を飲み込もうとしている蛇に対して、「多くの物を供《そな》えるから、蛙を私に譲って欲しい」と女は頼んだが、蛇は承知しなかった。それで、今度は「蛇を神として祀《まつ》る」と女は言ったが、やはり蛇は承知しなかった。最後に、「私を妻にし、蛇を譲ってほしい」と女が懇願すると、蛇はようやく承知して蛙を口から吐き出した。女は、七日後にまた来てくれるように蛇に伝えた、という。

一読してわかるように、女が蛙を救うために蛇と交渉し、蛇がそれを了承するというのは、「崇神紀」に見える「箸墓伝説」の一場面を想起させるところがある。また、女が蛇の妻になるというのも、同伝説の設定や「丹塗矢伝説」の内容を思わせる。さらに、物を供えて蛇を祀るというのは、まさしく神に仕える巫女《みこ》としての行為であり、やはり「箸墓伝説」に見える蛇神とその妻との関係や、代表的な「三輪山伝説」に見える蛇神と意富多多泥古《おおたたねこ》との関係を思わせる。だから、女が交渉を続けた蛇には神としての性格がそれなりに保たれていると理解してよいし、話の内容も古い時代の神婚伝承の系統を引くものだと言ってよい。

ところが、これに続いて語られる話には、仏教的な要素が次々に出てくる。その最初の要素は、女が僧の行基《ぎょうき》がいる所へ行って事情を話したというものである。行基とは、奈良時代の高僧として知られる人物である。この高僧は「三宝を信ずるしかない」と答えたので、女はそれに従って三宝に頼ることにした、という。*

指定された七日後に女の家にやって来た蛇の行動は、次のように語られている。

A₂　蛇は、家にまとわりつき、あちらこちら這い回り、尻尾を壁に打ち付け、家の屋根の高い所に登って、茅《かや》をくわえて引き抜き、穴を開けてそこから女の前に落ちて来た。しかし、蛇は女の身には近付かなかった。ただし、ばたばたと物音がして、何者かが躍《おど》り上がったり噛み付いたりした様子だった。翌日に見てみると、大きい蟹が八匹集まっており、例の蛇がずたずたに引きちぎられていた。

（蛇、屋に繞《まつは》り、蜿《めぐ》り転《めぐ》り、腹ばひ行き、尾を以て壁を打ち、屋の頂《いただき》に登りて、草を咋《く》ひ抜き開き、女の前に落つ。然《しか》りと雖《いへど》も、蛇、女の身に就《つ》かず。唯《ただ》し、爆《はた》めく音のみ有りて、跳《をど》り齰《か》み齧《くら》ふが如し。明くる日見れば、大蟹八つ集まり、彼の蛇条然《をぢをぢ》に擲《むし》り段《つた》切らる。）

蛇は家の様子を確認したうえで、屋根に穴を開けて家のなかに入って来た。蛇は女に近づかなかったが、何かと乱闘しているような物音が聞こえていた。あとで見てみると、その蛇は、女が以前に命を救ってやった八匹の大蟹《おおがに》によって、身をずたずたにむしられ切られていた、という。蟹による、慈悲深い女への報恩である。

『日本霊異記』の編者は、この話の末尾近くで、「悟《さと》りのない虫ですら、受けた恩には報いる。まして、人がどうして恩を忘れてよかろうか」という意味のことを述べている。いかにも仏教説

＊「三宝」とは、仏・法・僧、あるいは単に仏をさす。

話らしい教訓である。*

家に入って来た蛇が女に近づかなかったというのは、女が行基の教えに従って三宝を信じこれに帰依したからだ、ということだろう。

女は蛇を神として祀ると言い、最後には自分が蛇の妻になるとまで言って、誠意をもって蛇を説得した。しかし、その蛇も八匹の大蟹によって身をずたずたに切られて死んだ。このような話の展開のありかたは、確かに蛇神の神性・霊威がまだ残ってはいたものの、一方ではそれがかなりの程度まで失われてもいたことを示している。

報恩のことを語るA_1・A_2の話には、蛇神の神性・霊威がやがて失墜するに至る、中間的で過渡的な段階が反映している。

蛇が女を犯す話

蛇が若い女を犯したが、適切で周到な医師の処置によって蛇は駆除された、という話が同じ『日本霊異記』に載っている。淳仁《じゅんにん》天皇の天平宝字《てんぴょうほうじ》三年（七五九年）に起こったことだというから、その記事を信じれば、右のA_1・A_2の話より少しあとの時代の出来事である。

B[1]　河内《かふち》の国の更荒郡《さららのこおり》の馬甘里《うまかいのさと》に、裕福な家があった。その家には若い女がいた。淳仁天皇の天平宝字三年の夏四月に、その女が桑の木に登って葉を摘み取っていた。その時に大きな蛇が現れた。蛇は女が登っている桑の木に巻き付き、それを登って行った。路を行く人がそれを見て、女に教えてやった。女は見て驚き、木から落ちてしまった。蛇も一緒に落ちて、女にまとわりついてこれを犯し、女は気を失って倒れた。その様子を見た女の両親は、医師を招き、女と蛇とを同じ板の上に乗せて、家に連れ帰って庭に置いた。

医師は、稷《きび》の藁《わら》を三束（三尺を一束にして、同じものを三束用いた。）焼いて湯に混ぜ、汁を三斗取って、それを二斗に煮詰め、猪の毛を十把《じゅっぱ》刻んで細かくして汁に混ぜ、また女の頭と足のある所に杭《くい》を打って、女の手足を縛って釣り懸け、陰部に汁を注ぎ入れた。汁は一斗入った。すると、蛇は女から離れて行こうとしたので、医師はそれを殺して棄てた。蛇の子は白くかたまっていて、蛙《かえる》の子のようだった。猪の毛が蛇の子の体に刺さり、陰部から五升ほど出て来た。さらに口に汁を二斗注ぎ入れると、蛇の子はすっかり出て来た。気を失っていた女は目を覚まし、物を言った。両親が尋ねると、「夢を見ていたような気がします。今はもとの気分に戻りました」と答えた。

薬の効用はこのようなものだ。だから、慎重にこれを用いなければならないのである。

＊この教訓に言う「虫」とは「蟹」をさす。

（河内国《かふちのくに》更荒郡《さららのこほり》馬甘里《うまかひのさと》に、富める家ありき。家に女子ありき。大炊《おほひ》の天皇のみ世の天平宝字三年の己亥《つちのとゐ》の夏四月に、その女子、桑の木に登りて葉を揃《こ》きき。時に大きなる蛇有り。登れる女の桑に纏《まつは》りて登る。路を行く人、見て嬢《をみな》に示す。嬢見て驚き落つ。蛇も亦副《そ》ひ堕《お》ち、纏りて婚《くながひ》し、慌《ほ》れ迷ひて臥《ふ》しつ。父母見て、薬師を請《う》け召し、嬢と蛇と倶《とも》に同じ床に載せ、家に帰り庭に置く。稷《きび》の藁《わら》三束　三尺を束に成して三束と為す。を焼き湯に合はせ、汁を取ること三斗、煮入りて二斗と成し、猪《ゐ》の毛十把《じゆつぱ》を剋《きざ》み末《くだ》きて汁に合はせ、然して嬢の頭足に当てて、橛《ほこたち》を打ちて懸け釣り、開《つび》の口に汁を入る。汁一斗入る。乃《すなは》ち蛇放れ往くを殺して棄つ。蛇の子、白く凝《こ》り、蝦蟆《かへる》の子の如し。猪の毛、蛇の子の身に立ち、閭《くぼ》より五升許《ばかり》出づ。口に二斗入るれば、蛇の子皆出づ。迷惑《まど》へる嬢、乃ち醒《さ》めて言語《ものい》ふ。二《ふたり》の親の問ふに、答ふらく、「我が意《こころ》、夢の如くにありき。今は醒めて本の如し」といふ。薬服、是《か》くの如し。何ぞ謹みて用ゐざらむや。）

〔中巻・四十一縁〕

大きな蛇が女を犯した。女の両親の招いた医師が、焼いた稷《きび》の藁《わら》や細かく刻んだ猪の毛などを混ぜた汁を作り、それを女の陰部や口に注ぎ入れると、蛇が女の体から離れ、逃げて行こうとした。その時に、医師はそれを殺して棄てた。蛇の子の体に猪の毛が刺さった状態で陰部から出て来るとともに、口からも蛇の子が出て来た。その後、女は正気に戻り、「夢を見ているような気分だったが、もうもとに戻った」と両親に語った、という。

既に述べたことだが、『古事記』『日本書紀』『風土記』などの古い文献には、蛇と女陰とが物理的に直接に絡むという、右のような描写は見えない。奈良時代の人々は、蛇は神性を具えており、強い霊威を発揮する存在だと考えたからだろう。しかし、B_1の話には、蛇のもつ神性・霊威の表れだと見るべき点は特にない。女を犯した蛇は、医師によって殺されて棄てられ、同じく蛇の子もまたすっかり駆除されてしまったのである。

B_1の話の根底には三輪山の大物主神による神婚伝承の影響がある、というのが一般的な解説である。確かにその可能性は否定できないが、蛇神による神婚伝承の影響を直接に反映する具体的な箇所を指摘することは、もはや困難な内容になっている。

蛇神が男に変身して女のもとを訪れ、これと交合したあとに神の子が生まれ、その子が次の世代において重要な役を担う存在になるというのが、古い神婚伝承の骨子《こっし》である。それと比較すると、蛇が女を犯したと語るB_1の話については、神婚伝承とのつながりではなく、男根を象徴する蛇と女陰との関係を強く意識するという、後世の人々の考えを想定すべきだ、と言えなくもない。*

B_1の話の語り手は、蛇のもつ神性・霊威やその不気味さなどよりも、むしろ医師による適切な処置と薬効の確かさとに対して、ある種の敬意・信頼をいだいているように感じられる。

*蛇と女陰とが直接に絡む後世の説話には、『今昔物語集』の「蛇、女陰を見て欲を発《お》こし、穴より出でて刀に当たりて死ぬる語」〔巻二十九・三十九話〕その他がある。

奇妙な後日談

B1の話には後日談があるが、その内容は奇妙だとしか言いようのないものになっている。同じ女が三年後に再び蛇に犯されて死んだが、死ぬ間際《まぎわ》に「我《われ》死にて、復《また》の世に必ず復相《あ》はむ」（訓読文）と語った、という。「私は来世もまた蛇と結婚したい」というのである。

B2　こうして三年経って、例の女がまた蛇に犯されて死んだ。蛇に対する執着が強くて、周囲の者と死に別れる時に、父母や子を慕って、「私は死んだあと、来世で必ず蛇と一緒になります」と言った。

（然《しか》して三年経て、その嬢《をみな》、復《また》蛇に婚《くながひ》せられて死にき。愛心深く入りて、死に別るる時に、夫妻と父母子を恋ひて、是《こ》の言を作《な》ししく、「我死にて、復の世に必ず復相《あ》はむ」といひき。）

この後日談のなかで、女が「来世もまた蛇と結婚したい」と言ったというのは、女が二度にわたって蛇に犯されたのは単なる偶然ではなく、女と蛇との間にはもともと深いつながりがあった、ということを示すものだろう。

ここまでくると、話を聞く者やこれを読む者には、蛇がもつ不気味さや執念深さが感じられるとともに、背景に仏教的な因縁《いんねん》のあることが「復《また》の世」という語からわかる。

さらに、これもいかにも仏教説話らしいことだが、悪業や愛欲に従うことを戒《いまし》める表現が、B₂の話の直後に付されている。

B₃　人の神識《たましい》は、前世の行いの善悪に沿ったものとなる。あるいは蛇・馬・牛・犬・鳥などに生まれ、前世の悪い因縁によっては、蛇に生まれて交合し、あるいは汚《けが》らわしい畜生ともなる。愛欲の現れかたは一様ではない。

（其の神識《たましひ》は、業の因縁に従ふ。或いは蛇馬牛犬鳥等に生まれ、先の悪契《あくけい》に由《よ》りては、蛇と為《な》りて愛婚《くながひ》し、或いは怪《あや》しき畜生ともなる。愛欲は一つに非《あら》ず。）

人は普段の行いの内容によって、来世にどのようなものとして生まれるかが異なってくる、というのがこの文の主旨である。この文に述べられていることの具体的な例として、すぐあとに二つの話が経典から引用されている。そのうち、内容が理解しやすい二つめの話を見てみる。

B₄　「昔、一人の子がいた。その体はとても軽く、速く走るさまはまるで飛ぶ鳥のようだった。父親は常にこの子を大切にしてかわいがっており、これを守り育てるさまは、自分の目を大切にするようだった。父親が子の身軽なのを見て、譬《たと》えて「すばらしいなあ、吾が子は。速く走ることはまるで狐《きつね》のようだ」と言った。すると、その子は死んだあとに狐の身となって生まれた」と経典にある。だから、善い譬えを用いるのがよい。悪い譬えを用いてはならない。必ずその報いを受けるからである。

（「昔、人の子有り。其の身甚だ軽く、疾《はや》く走ること飛ぶ鳥の如し。父、常に重みし愛《うつくし》び、守り育つること眼《まなこ》の如し。父、子の軽きを見て、譬《たと》へて言はく、「善《よ》きかな、我が児《こ》。疾《はや》く走ること狐《きつね》の如し」といふ。其の子、命終《みょうじゅ》して、後に狐の身に生まる」とのたまへり。善き譬へを願ふべし。悪しき譬へを欲《ねが》はざれ。必ず彼《そ》の報《むくい》を得むが故になり。）

ほかの子より身軽で、速く走ることができる自分の子を、父が「まるで狐《きつね》のように速く走る」と言ってほめた。それで、その子は死後に狐の身として生まれた。だから、悪い譬えではなくて良い譬えを用いるべきなのだ、という。

B_4の内容を前のB_1〜B_3の内容と合わせ考えると、次のようなことが言えるだろう。つまり、女が前世のある時点で「蛇と結婚したい」と発言したので、B_1の話にあるようなことが起こり、またB_2の話に語られているように再び蛇に犯されることにもなった。

B_3・B_4の説明では、仏教の教えとしては話が単純化されすぎているように思われる。善い譬えや悪い譬えというのは直接的には発言した内容をさすわけだが、つまりは前世における行いの善し悪しのことである。

B_1・B_2の話は、後世の『今昔物語集』に採用されている〔巻二十四・九話〕。そちらの話では、女が再び蛇に犯されて死んだと述べたうえで、二度めは前世の宿因なのだと知って治療せずに終わった、とだけ説明している。かつて恐るべき神性を具え、強い霊威を発揮した蛇神は、仏教に言う「前世の宿因」を担うものとしてこの話に登場させられているわけである。

『今昔物語集』に採用されたこの話は、二度めは「前世の宿因」だとして治療しなかったと述べた直後に、「但し、医師の力、薬の験《げむ》、不思議也《なり》となむ語り伝へたるとや」（訓読文）という一文を添えたところで終わっている。B_2の話にあるように、女が死ぬ間際に「私は死んだあと、来世で必ず蛇と結婚したい」と言った、という記述にあたるものはそこには見えない。もちろん、B_3・B_4の記事もすべて省略されており、経典からの引用はまったく行われていない。それだけに医師の処置と薬効のみごとさとが強調され、結果的に『日本霊異記』の話よりも仏教色の薄い話になっている。

蛇に変身した観音

蛇に具わるものだとかつて信じられた神性・霊威が、仏教的な霊力にすっかり塗り替えられてしまった、と判断される話も平安時代にはある。そうした話の具体的な内容について、『本朝《ほんちょう》法華験記《ほっけげんき》』（十一世紀の中頃に成立）という仏教説話集から『今昔物語集』に引用された話を読んで、ややか細かく見てみよう。「陸奥国《むつのくに》の鷹取《たかとり》の男、観音の助けに依《よ》りて命を存する語」〔巻十六・六話〕という標題をもつ話である。

毎月の十八日に観音品《かんおんぼん》（法華経）を読んでいたある男は、狩猟用の鷹《たか》を育てることを日々の仕事にしていた。ある日、この鷹取《たかとり》は、鷹の子を捕らえようとして、巣のある断崖絶壁《だんがいぜっぺき》に登ったが、同行していた仲間が断崖に鷹取を放置したままで家に帰ってしまった。鷹取が放置されたのは、へたに体を動かせば、真下に広がる海に落ちてしまいそうな、きわめて危険な場所だった。狭い岩の上でほとんど身動きのできない状態で、鷹取は数日間そこにじっとしていたが、やがて死を覚悟して、来世のことを観音様に祈願した。

C_1　鷹取が、「どうか、慈悲深い観音様、ずっと観音経を信じて参りましたことの功徳で、この世はこれで終わることになります。来世では三途《さんず》（三悪道）に落ちないように、きっと浄土にお迎え下さい」と念じていると、大きな毒蛇が、目を金属のお椀《わん》のような様子で光らせ、下なめずりをして、大海から出て来て岩壁をよじ登り、鷹取を呑《の》み込もうとした。鷹取は、「蛇に呑み込まれるよりも、海に落ちて死のう」と思い、刀を抜いて、自分を呑もうとしている蛇の頭にそれを突き立てた。蛇が驚いて上の方に登って行こうとするので、鷹取は蛇に乗っかって、そのまま断崖の上にたどり着いた。そのあとで、蛇の姿はかき消すように見えなくなった。

それで、鷹取は「観音様が蛇に変身し、私を助けてくれたのだ」と知り、泣く泣く礼拝して家に帰った。

(「願はくは大悲観音、年来《としごろ》持ち奉るに依《よ》りて、此の世は今は此《か》くて止みぬ。後生に三途《さむづ》に不堕《おち》ずして、必ず浄土に迎へ給へ」と念ずる程に、大きなる毒蛇、目は鋺《かなまり》の如くにして、舌嘗《したなめづり》をして、大海より出でて、巌《いはほ》の喬《そば》より昇り来《きた》りて、鷹取を呑《の》まむとす。鷹取の思はく、「我、蛇の為に被呑《のま》れむよりは、海に落ち入りて死なむ」と思ひて、刀を抜きて、蛇の我に懸かる頭に突き立てつ。蛇、驚きて昇るに、鷹取、蛇に乗りて自然《おのづか》ら岸の上に昇りぬ。其の後、蛇、掻き消つ様に失《う》せぬ。爰《ここ》に知りぬ、「観音の蛇と変じて、我を助け給ふなり」と知りて、泣々《なくなく》礼拝して家に返る。)

観音様に来世のことを必死に祈願したところ、大きな毒蛇が海から出て来て鷹取を呑み込もうとした。その時に、鷹取は蛇の頭に刀を突き立て、蛇の体に乗った状態で断崖の上までたどり着いた。そのあとで蛇の姿がかき消すように見えなくなったので、鷹取は蛇が本当のそれでなく観音様の化身だったことを知った、という話である。*

C_1の話のなかでは、かつて蛇に具わっていた神性・霊威がそのまま仏のもつ不可思議な力として表れている、と言っても特に問題はないだろう。蛇神が人間その他のものに変身したという、

＊話に出てくる「三途（三悪道）」とは、罪業によって落ちる「地獄道」「餓鬼道」「畜生道」をさす。

前の時代の代表的な「三輪山伝説」と同じように、仏が蛇に化身したのである。
仏の化身である蛇の体に鷹取が乗ったことはともかく、鷹取が刀を抜いてそれを蛇の頭に突き立てたというのは、かなり思い切った設定だと言える。人間に対する観音の慈悲はそれを許すほどに深くて広い、ということだろうか。

C_1の話にもまた、独特の後日談が付されている。鷹取が山から家に帰ったあとの、月の十八日のことである。

C_2　そうしているうちに、十八日になり、身を清めて精進し、観音品を読むためにお経が入れてある箱を開けてみると、お経の軸《じく》に刀が突き刺さっていた。それは、自分が例の鷹の巣の所で蛇の頭に突き立てた刀だった。「観音品が蛇に化身されて、私をお助け下さったのだ」と思うと、貴く悲しい気持ちで胸がいっぱいになった。それで、すぐに道心を起こし、髪の髻《もとどり》を切って法師になった。その後、ますます信心を強くし、生き物を捕獲しようとする心を、ずっと断つことになった。

(而《しか》る間、十八日に成りて、沐浴精進《もくよくしやうじん》して、観音品を読み奉らむが為に、経筥《きやうはこ》を開きて見るに、経の軸《じく》に刀立てり。我が彼《か》の巣にして、蛇の頭に打ち立てし刀なり。「観音品の蛇と成りて、我を助け給ひける」と思ふに、貴く悲しき事無限《かぎりな》し。忽《たちまち》に道心を発《おこ》して、髻《もとどり》を切りて法師と成りにけり。其の後、弥《いよい》よ勤め行ひて、永く悪心を断つ。)

鷹取が断崖で蛇の頭に突き立てたのと同じ刀が、家にあるお経の軸に突き刺さっていた。鷹取はそれを見て強く心を動かされ、髪を切って法師になった。そして、生き物を捕らえようとする気持ちがなくなってしまった、という。

限りなく尊いはずの経典の軸に刀が突き刺さっていたと語られているのも、ひどく意外なことである。やはり、観音の慈悲深さを強調するための設定なのだろう。

C_1・C_2の話では、かつて蛇に具わっていた神性・霊威が、既にすっかり失われている。正反対に、大海から大蛇が出現したり、その大蛇が頭に刀を突き立てられながら鷹取を救ったり、さらには同じ刀が経典の軸に刺さっていたりなど、不可思議なことはすべて仏の配慮や霊力によるものだ、と読める話になっている。

要するに、大蛇は観音としてあるいはその分身として登場し、頭に刀を突き立てられながらも、絶体絶命の状況に置かれた鷹取を無事に救助したのである。観音という、具体的な仏が話に登場するのは、それだけ仏教が人々の心に浸透していたことを示すものだろう。

日蔵《にちぞう》の師と多くの大蛇

次に読むのは、鷹取の話に似ており、多くの大蛇に襲われそうになった人間を、仏教にいう鬼神が救い出した、という内容のものである。その話では、「多くの大《おほ》きなる蛇ども」は本物の蛇として登場し、それに呑み込まれそうな状況にあった人間を、背の高さが一丈《いちじょう》もある鬼神が救い出した、と語られている。*

話の主人公は、「日蔵《にちぞう》が師なりける行人《ぎやうにん》」つまり、日蔵という僧の師にあたる修行者である。いつも熱心に「千手陀羅尼《せんじゅだらに》」を唱えていたこの修行者は、吉野山の深い谷に行った時に不思議なことを経験した。その経験をあとで自分の弟子たちに語った、という。

その経験談は『今昔物語集』の巻十四に見えるもので、それには「千手陀羅尼《せんじゅだらに》の験力《げんりき》に依《よ》りて蛇の難を遁《のが》るる語《こと》」〔巻十四・四十三話〕という標題が付されている。「陀羅尼」とは、簡単に言えば長めの呪文のことである。

D_1 (この修行者が、深い谷を) 歩いて行くと、峯から谷の方向へ風が吹いて来たが、その時に人間の匂いを嗅《か》ぎつけたのだろう、多くの大蛇どもの、背を並べて臥していたのが、(略) どれも一斉《いっせい》に頭を四、五尺ほど持ち上げた。それを見ると、背の上部は紺青《こんじょう》や緑青《ろくしょう》を塗ったような色をしており、首の下部は紅い練り絹を押し付けたような色をしている。また、目は鋺《かなまり》のようにぎらぎらし、舌は焔《ほのお》のように揺らめき動いている。

（歩《あゆ》び行く間、峯より谷の方ざまに風の吹き下ろすに、人気《ひとのけ》の聞《か》ぎけるにや、多《おほく》の大《おほき》なる蛇共の背を並べて臥せるが（略）、聖人の香を聞ぎて、頭を四五尺許《ばかり》皆持ち上げ合ひたるを見れば、上は紺青緑青を塗りたるが如し、首の下には紅の打掻練《うちかいねり》を押したるが如し、目は鋺《かなまり》のやうに鑭《きら》めき、舌は焔《ほのほ》のやうに霹《はた》めき合ひたり。）

聖人（修行者）の匂いを嗅ぎつけ、一斉《いっせい》に頭部をもたげた多くの大蛇の様子は、背も首の下も派手な色が目立ち、目はぎらぎら光り、舌は焔《ほのお》のように揺らめいていた、という。大蛇どもの恐ろしい形相は、「八俣の大蛇」の神話ほどではないものの、細かく具体的に描写されていて、かなりの迫力を感じさせる。

恐るべき形相をした、多くの大蛇を目の前にして、聖人は覚悟を決めながらも谷から斜面を上って逃げようとした。

D_2　その時に、聖人は「自分の身も、もはやこれまでだ」と思って逃げようとしたが、上り

*「一丈」というのは、三メートル余の長さを表す単位である。

斜面なので手を垂直に立てたように急で険《けわ》しく、生えている篠《しの》を手でつかんで上ろうとしても、すぐには上れない。そうしている間にも、大蛇がその腥《なまぐさ》い息の暖かいのをさっと吹き掛けるので、すぐに大蛇に呑まれることはないにしても、その息の臭さに酔って死んでしまいそうだった。

(其の時に、聖人、「我が身、今は此《かく》にこそあれ」と思ひて、逃げむと為《す》るに、上《かみ》ざまなれば、手を立てたる如く峻《さが》しくして、篠を捕《とら》へつつ登れば、忽ちにも不登得《のぼりえ》ず。而《しか》る間、腥《なまぐさ》き息の煖《あたた》かなるを吹き係《か》けたるに、忽ちに不呑《のま》ずと云ふとも、此の息の香に酔《ゑ》ひて死ぬべし。)

手でつかめるほどの篠が生えた上り斜面だったが、聖人は急にはそこを上ることができなかった。それだけでなく、大蛇どもの吐く息がとても生臭かったので、聖人はその息の生臭さに酔って死んでしまいそうだった、という。

大蛇の息が生臭くて暖かかったというのは、ひどく生々しい描写になっているが、その描写にあたるものは「八俣の大蛇」の神話には見えない。むしろ、序章に引用した、Eの話やGの話に出ている「毒《あしきいき》」つまり「悪しき息」に、それは相当するように思われる。ただし、こちらの訓読文にある「腥《なまぐさ》き息の煖《あたた》かなる」は、実際に人間を殺すほどに恐ろしいものではない。

話の続きは、次のようになっている。

D_3 そうして、聖人が篠をつかんでうつ臥しているうちに、上の方から大地を揺るがせて下って来る者がいた。蛇の息の生臭さに酔って目を見開くこともできないので、下って来るのが何者だとも確認することはできなかったが、その者が近づいて来て聖人の片肱《かたひじ》をつかみ、荒々しく引っ張り上げて自分の肩に掛けた。聖人は恐れながらも、「これは何者なのか」と思って片手で探ってみると、大きな牛の鼻木のようで暖かかった。聖人は「これは鬼だ。私を喰《く》らおうとして、引っ張って連れて行くのだ」と思い、また「結局は、今日死んでしまうのだな」と思って、ますます正気ではいられなくなった。

（而る間、篠を捕《とら》へて低《うつぶ》したるに、上の方より動《とよも》して下る者有り。蛇の香に酔ひて目も不披見開《みひらかれ》ねば、下る者を何者とも見えぬに、此の者近く寄り来て我が片肱《かたひぢ》を取りて、荒らかに肩に引き係《か》く。聖人、我が今片手をを以て、我れ恐れ乍《なが》ら、「何ぞ」と思ひて捜《さぐ》れば、大なる木の 桊《うしのはなぎ》 のやうにして、焔《あたた》かなり。聖人の思はく、「此れは鬼なりけり。我を噉《くら》はむが為に引き持て行くなりけり」と思ふに、「何様《いかやう》にても今日可死《しぬべき》なりけり」と知りて、弥《いよい》よ物も思《おぼ》えず。）

上の方からやって来た何者かが、聖人の片腕をつかんで自分の肩に掛けた。聖人が片手でその者を探ってみると、大きい牛の鼻に取り付ける木のようであり、しかも暖かかった。聖人は「鬼が私を喰らおうとして連れて行くのだ」と思い、また「これで死んでしまうのだ」と思うと、恐ろしくて何も考えられなくなった。

姿を現した鬼神

このあと、聖人は峯の上まで連れて行かれて地面に下ろされた。しかし、鬼は聖人を喰らおうとしなかった。そこで、聖人はひどく恐れながらも、鬼に「どなた様でいらっしゃいますか」と尋ねた。すると、鬼は「私は鳩槃茶鬼《くはんだき》だ」と名乗ったので、聖人は「ありがたいことだ」と思って目を開け、相手を見た。

D_4　目を開けて見ると、背が一丈ほどもある鬼だった。色は黒くて、漆《うるし》を塗り付けたようだった。頭の髪は赤くて逆立っていた。裸の姿で、赤いふんどしをしていた。後ろを向いていたので、顔は見えなかった。その姿は、掻き消すように消えてしまった。

（目を開きて見れば、長は一丈余許《あまりばかり》なる鬼なり。色は黒くて漆《うるし》を塗りたるが如し。頭の髪は赤くして上様《かみざま》に昇れり。裸にして赤き俗衣《たふさぎ》を掻きたり。後ろ向きたれば、面《おもて》は見えず。掻消《かきけ》つやうに失せぬ。）

目を開けた聖人に見えたのは、背の高い鬼の姿をした「鳩槃茶鬼」だった。その形相はいかにも鬼らしいものだったわけだが、この鬼神は頭は馬で体は人間という特異な姿をしている、と考えられていた。聖人が手で探ってみると、それは「大なる木の 桊《うしのはなぎ》 のやう」だったとD_3の話にあるのは、馬の頭部をもつ鬼神の、鼻のあたりを片手で探ったからである。鬼神は、聖人の見ている前ですっと姿を消した、という。

仏教では、世界の中心には須弥山《しゅみせん》が聳《そび》えていると考えられ、その南方を増長天《ぞうじょうてん》（増長天王）という武神が守護しているとされる。そして、増長天の配下にあって、風のようにすばやく動いたり、人間の精気を喰ったりするのが「鳩槃荼」である。話に出ているように、「鳩槃荼」に「鬼」を付して「鳩槃荼鬼」と呼ばれることもある。一般には悪神だと見なされているこの鬼神が、大蛇の難から聖人を救い出してくれたのである。

このあとの聖人について、話には次のようにある。

D_5　その時に、聖人は「私が真言《しんごん》を唱えていることによって、千手《せんじゅ》観音がお助け下さったのだ」と思うと、きわめて尊いことだと感じ入り、泣く泣く礼拝してそこをあとにして、丑寅《うしとら》（東北）の方をめざして真言を唱えながら歩いて行くと……

（其の時に、聖人、「我が真言を持《たも》つに依《よ》りて、千手観音の助け給ひけるなりけり」と思ふに、極《きはめ》て貴く、泣々《なくな》く礼《らい》して其の所を去りて、其れより丑寅《うしとら》の方《かた》を指して行ひ行く程に……）

聖人が唱えていたという「真言《しんごん》」とは、前に出た「陀羅尼」よりも短い文句をいう。

聖人はこのすぐあとに、滝のある場所で再び大蛇を見かける。

D_6　よく見ると、大きい蛇が滝壺《たきつぼ》に満ち、水に打たれながら頭を上に伸ばしたり下に引っ込めたりしているのだった。「あの蛇は、こうして多くの年を経たのだろう」と思って見ているうちに、気味が悪くて恐ろしくなり、「どんな苦しみを受けさせられているのだろう」と悲しく思ったので、聖人は蛇のために多くの経を読み、また千手陀羅尼を唱えて、その場を去った。

（吉《よ》く守《まぼ》れば、早う大なる蛇の岩壺に満ちて、頭《かしら》を水に被打《うたれ》て、指出《さしい》で引入《ひきい》り為《す》るなりけり。「多くの年を経てこそはあるらめ」と見るに、心疎《うと》く怖《おそろ》しく成りて思ふに、「何《いか》なる苦《くるしび》を受くらむ」と悲しければ、彼の蛇の為に多くの経を読誦《どくじゅ》し、千手陀羅尼《せんじゅだらに》を誦《じゅ》して、其の所を去りにけり。）

蛇が滝の水に打たれて、頭を上に伸ばしたり下に引っ込めたりしているのは蛇が仏罰を受けているということだろう。しかし、それがどのような悪行の報いなのか、それがなぜ仏罰を受けていることになるのかなどは、まったくわからない。また、この場面に現れる大蛇と、D_1・D_2の話に登場している大蛇とは、何らかの関係があるのかないのか、ということも不明である。

D_6の話のすぐあとに語られていることは、聖人の弟子である日蔵をはじめとする何人かの僧に、この話が次々に語り伝えられたものであること、また千手陀羅尼の霊験がいかに貴いものであるかということなどである。その二点について簡潔に述べたところで、長い話が終わっている。典型的な仏教説話になっていると言える。

この話の蛇には、まったく神性・霊威が具わっていない。特にD_1・D_2の話に見える大蛇は、本物の生き物として登場している。一方、D_6の話に現れる大蛇は、深い罪業のために人間が大蛇の姿に変えられ、つらい責め苦を与えられているのだろうが、大蛇自体に神性・霊威が具わっているわけではない。この話に登場する大蛇は、不気味で醜悪な姿の生き物として仏教説話のなかに取り込まれているにすぎない。

高僧の名や「千手陀羅尼」「鳩槃荼鬼」「真言」など、仏教にかかわる語が話のなかに次々に出てくるのは、やはり仏教が人々の間に浸透していたことを示すものだろう。蛇神の神性・霊威がまったく見られないのも当然である。

相撲と大蛇の力比べ

次にもまた、蛇が登場する話を『今昔物語集』から引用する。仏教とは直接のかかわりがない、大蛇の怪力をめぐる話である。

その話とは「相撲人《すまひびと》海恒世《あまのつねよ》、蛇に会《あ》ひて力を試みたる語《こと》」と題されたものであり、並外れた怪力をもつ相撲の恒世《つねよ》が、同じく怪力をもつ大蛇を相手に、深い淵に臨む岸で引っ張り合いを演じた、という内容の話である。

E1　向こう岸に向かって水面が波立っていると見るうちに、またこちらの岸に向かって波が立ってきた。その後、蛇が尾を水面から上に出して、恒世が立っている方へ近付いてきた。「この蛇には何か考えがあるのだな」と思い、そのまま見て立っていると、蛇が尾を伸ばしてよこし、恒世の足に二周《まわ》りほど巻き付けた。「どうするつもりだろう」と思って立っているうちに、巻き付け終わってきりきりと蛇が引っ張るので、「そうか、私を河に引き込もうというのだな」と思い、恒世は強く踏ん張っていた。蛇はひどく強く引くものだなと思っていると、履いていた足駄の歯を踏み折ってしまった。「引っ張られて倒れそうだ」と思いはしたが、しっかり踏んで立っていると、言いようもないほどに強く引く。「もう引っ張り込まれそうだ」と思い、頑張って力を入れると、硬い土にも五、六寸ほど足が沈み込んだ。よくも引っ張るものだと思って耐えているうちに、縄でも切れるようにぷつりと切れると同時に、河に血が浮かんでくるように見えたので、「そうか、蛇は身が切れたのだな」と思って足を引いてみると、蛇の身が引きちぎれて岸に上がってきた。その時に、恒世は蛇の尾を引き離して足を水で洗ったが、蛇が巻き付いた跡は消えなかった。

(彼方《あなた》の岸様《きしざま》に水みなぎると見る程に、亦即《またすなは》ち此様《こなたざま》に水浪立ちて来《きた》る。其の後、蛇の尾を水より指《さ》し上げて、恒世が立てる方様《かたざま》に拍寄《うちよ》せける。「此の蛇、思ふ様の有るにこそ有りけれ」と思ひて、任《まか》せて見立てるに、蛇の、尾を指し遣《おこ》せて、恒世が足を二返許纏《ふたかへりばかりまと》ひてけり。「何《いか》にせんと為《す》るにか有らん」と思ひ立てる程、纏ひ得てきしきしと引きければ、「早う、我を河に引き入れむと為るにこそ有りけれ」と思ひて、其の時に踏み強《つよ》りて立ちけるに、極《いみじ》く強く引くと思《おぼ》えけるに、履きたる足駄《あしだ》の歯、踏み折りつ。「引き倒されぬべし」と思ひけるを、構へて踏み直り立てるに、強く引くと云《い》へば愚か也《なり》や、被引取《ひきとられ》ぬべく思えけるを、発《おこ》して足を強く踏み立てければ、固き土五六寸許《ばかり》足を踏み入れて立てるに、「吉《よ》く引く也けり」と思ふ程に、縄など切るる様にふつと切るるままに、河の中に血浮かび出づる様《やう》に見えければ、「早う、切れぬる也けり」と思ひて足を引きければ、蛇の引かされて陸に上《あが》りにけり。其の時に、足に纏ひたる尾を引きほどきて、足を水に洗ひけれども、其の蛇の巻きたりつる跡、不失《うせざ》りけり。〔巻二十三・二十二話〕

何とも凄まじい力比べである。ここでは、大蛇の怪力ぶりや驚くべき執念と、それにも負けない相撲の強靭な身体と根性とが、緊迫感のある表現によって描写されている。

この大蛇の恐ろしさと不気味さとは、E_1の直後のことを語る話にも示されている。

E_2　従者たちにその蛇の尾の方を引き上げさせてみると、単に大きいといった程度のものではなかった。切り口の直径は一尺ほどもあるだろうと見えた。頭の方の切り口を見させようと従者を河の向こうへ行かせたところ、岸にある大きい木の根に蛇の頭が何回も巻き付き、尾をこちらに伸ばして、恒世の足に巻き付いて引っ張ったのだった。しかし、蛇の力は恒世のそれよりも劣っていたので、真ん中で身が引きちぎれてしまったのである。自分の身が切れるのもかまわずに引っ張った蛇の執念には、ただあきれるばかりである。

（従者共を以て、其の蛇の尾の方《かた》を引き上げて見ければ、大き也と云へば愚かなり。切り口の大きさ、一尺許有らんとぞ見えける。頭の方の切れを見せに、河の彼方に遣《や》りたりければ、岸に大きなる木の根の有りけるに、蛇の頭を数返纏《あまたかへりまと》ひて、尾を指し遣《おこ》せて、先づ足を纏ひて引きける也けり。其れに、蛇の力の恒世に劣りて、中《なから》より切れにけるなり。我が身の切るるも不知《しら》で引きけむ蛇の心は、奇異《あさまし》き事也かし。）

話はこのあとも続く。恒世の周囲の者は、大蛇の力はどの程度のものだったかを知ろうとして、太い縄を恒世の足に巻き付け、何十人でそれを引っ張ったら大蛇と同じ程度の力だと恒世は判断するのか、という実験をした。そして、恒世には一〇〇人ほどで縄を引っ張ったのと同じ力があることが判明した、という。

そう述べたあとに、「昔はこのような怪力の相撲もいたのだ、と語り伝えているということだ」という意味の一文を添えて話は終わっている。この話をまとめた編者には、どちらかと言えば、大蛇の執念よりも恒世のもつ怪力のほうに関心があったらしい。

かつて蛇神に具わっていた神性・霊威は、この話からももはやまったく感じ取ることができない。また、この話には、蛇神に具わっていた神性・霊異が仏のもつ霊力に塗り替えられた、と思しい要素も見あたらない。太さと長さを誇る大蛇の執念と、怪力を誇る恒世のすごさとを強調する、単なる力比べについて述べた話になっている。

大蛇の怪異性と不気味さとを強調する話になっている点は、この話よりもあとに成立した、蛇が登場する諸話でも同じである。

蛇神から仏へ

この章で取り上げたいくつかの説話にも反映しているように、かつて蛇神に具わっていた神性・霊威は、人々の間に仏教が浸透していく度合いに反比例して次第に衰退していき、結局はそれがすっかり失墜してしまう。そして、人々が経験する不思議な出来事は仏の意図や配慮によって起こるものだ、という考えが人々を支配するようになる。

言うまでもなく、平安時代以降の文献にも、あちこちに祭られているさまざまな神が登場するし、神々が状況に応じてその霊威を発揮したことも語られている。しかし、神々の霊威は概して仏の霊力には及ばない、と言えるようである。仏教の影響はそれほどに大きいのである。

平安時代以降の文献に登場する蛇は、もはや神としての蛇ではなく生き物にすぎないから、それが霊威を発揮したことを語る話はほとんどない。やはり、不思議な出来事は仏の意志によって起こるのだ、というのが一般的な考えである。

ただし、平安時代の文献に見える説話でも、古くから注目され強調されてきた蛇の特異性は変わらず描写されている。その特異性とは、この章で検討した諸話がそうであるように、四肢がないその姿や目立つ習性が人々に感じさせる不気味さである。実際に諸話の訓読文を確認してみると、

C_1……大きなる毒蛇、目は鋺《かなまり》の如くにして、舌嘗《したなめづり》をして…

D_1……目は鋺《かなまり》のやうに鑭《きら》めき、舌は焔《ほのほ》のやうに霹《はた》めき合ひたり。

E_2……岸に大きなる木の根の有りけるに、蛇の頭を数返纏《あまたかへりまと》ひて、尾を指し遣《おこ》せて…

とあって、目・舌・身の長さなど、その姿や習性が不気味なもの、嫌悪すべきものとして語られている。

こうした事実に基づいて時代をさかのぼって考えてみると、人々が蛇という生き物に強い神性・霊威を感じ取ったおもな理由は、その姿と習性とが不気味で人々に嫌悪感を与えるものである点にあったようだ。これは特に意外性のない常識的な推測ではあるが、そのように理解するのが最も妥当だと思われる。

あとがき

古代日本語はどのような言語だったのか、ということを知るために、私は毎日のように奈良時代・平安時代の文献を読んだり調べたりしている。また、教室で学生たちを相手に、古代の文献に見える神話や説話などについて細かい解説を加えることも、日常的に行っている。

そうしたなかで、年ごとに少しずつだが、教室で解説を加える時間が長くなりつつあるのが、蛇・蛇神をめぐる古代の伝承である。調べれば調べるほど、また考えれば考えるほど、蛇・蛇神をめぐる伝承とそれにかかわる事象との間にあった、奥深くて必然的なつながりが浮かび上がってくる。伝承の内容そのものではなく、伝承が成立した背景やその周辺にあったことがらに関する解説が、年ごとに長くなる理由である。

昨年の夏のことだが、教室で私の解説を聞いてくれる学生たちのためにも、また古代の文学に興味をもつ一般のかたがたのためにも、蛇・蛇神をめぐる伝承についてこれまで調べ考えてわかったことを一冊にまとめよう、と思い立った。そして、暇を見て書きため、粗稿と言えるものがほぼできあがったのが、同年の十二月の中頃だった。その粗稿に二箇月ほどにわたって加除訂正を加えた結果が、本書の内容である。

本書の原稿を執筆しながら、新たに明らかになったことをまとめた論に、「神話や伝説に見られる蛇と女の死」〔『学習院大学 国語国文学会誌』第六十三号、二〇二〇年三月〕と、「神話・伝説に見られる特徴的な語り」〔『学習院大学文学部 研究年報』65輯、二〇二〇年三月〕との二編がある。どちらの内容も、本書の第八章「連想を呼ぶ「陰突き」と蛇神」その他の部分に要約的に織り込んだが、細かいことや具体的なことついてはそれらの二編に譲るしかない。特に、後者の論では、同じような内容をもつ話題を一話のなかでくり返し語る、という特徴的な現象について、多くの例話を取り上げてあれこれ分析を加えてある。

蛇・蛇神をめぐる伝承に限らず、奈良時代の文献に見える神話や説話を多く取り上げ、さまざまな角度から分析と解説とを加えた『日本の神話・伝説を読む――声から文字へ』〔岩波新書、二〇〇七年〕という旧著が、私にある。そのなかで取り上げた何話かは本書でも取り上げているので、当然のことながら旧著と本書での解説が重なる箇所も一部ある。しかし、個々の話を分析する視点が、旧著ではことばと神話や説話との関係はどのようなものだったのか、というところにあって、古代人は蛇・蛇神についてどのように考えていたのかという、本書での視点とは少なからず異なっている。著者としては旧著で述べた解説にもそれなりの愛着をもっており、そちらもお読みいただければ幸いである。

言うまでもないことだが、本書の内容をまとめるにあたっては、多くの研究者による多くの論考を参照した。しかし、本書の性格上、この点については誰のどのような論考を参照したかということは、煩瑣を避けるために論述の途中でいちいちことわることはしていない。そのかわりに、誰かによって既に指摘されていることと、私自身の調査・研究によって明らかになったこととを、一読して識別できるように表現を工夫したつもりである。たとえば、前者の場合には「……と言われる／……とされる」「……という指摘がある」などと表現してある。

本書の刊行にあたり、二人のかたのお世話になった。大学での同僚である民俗学の赤坂憲雄氏と、青土社の編集者の菱沼達也氏とである。本書の粗稿が赤坂氏のお目にとまったことがきっかけで、菱沼氏が本書の編集を何から何まで担当して下さることになったのである。お二人に心から御礼を申し上げる。

二〇二〇年八月吉日

著者 佐佐木隆（ささき・たかし）

1950年生まれ。学習院大学教授。学習院大学大学院人文科学研究科博士課程単位取得。東洋大学専任講師、同大学助教授、学習院大学助教授を経て、現職。著書に『万葉歌を解読する』（ＮＨＫブックス、2004）、『日本の神話・伝説を読む』（岩波新書、2007）、『上代の韻文と散文』（おうふう、2009）、『言霊とは何か』（中公新書、2013）、『上代日本語構文史論考』（おうふう、2016）など。

蛇神をめぐる伝承
古代人の心を読む

2020年 9 月25日　第1刷印刷
2020年10月10日　第1刷発行

著者――佐佐木隆

発行人――清水一人
発行所――青土社

〒101-0051　東京都千代田区神田神保町1-29　市瀬ビル
［電話］03-3291-9831（編集）　03-3294-7829（営業）
［振替］00190-7-192955

印刷・製本――シナノ印刷

装幀――水戸部功

ISBN978-4-7917-7310-7　C0095